Soraya Zaidi

Construction d'ontologies en arabe

Soraya Zaidi

Construction d'ontologies en arabe

Éditions universitaires européennes

Impressum / Mentions légales
Bibliografische Information der Deutschen Nationalbibliothek: Die Deutsche Nationalbibliothek verzeichnet diese Publikation in der Deutschen Nationalbibliografie; detaillierte bibliografische Daten sind im Internet über http://dnb.d-nb.de abrufbar.
Alle in diesem Buch genannten Marken und Produktnamen unterliegen warenzeichen-, marken- oder patentrechtlichem Schutz bzw. sind Warenzeichen oder eingetragene Warenzeichen der jeweiligen Inhaber. Die Wiedergabe von Marken, Produktnamen, Gebrauchsnamen, Handelsnamen, Warenbezeichnungen u.s.w. in diesem Werk berechtigt auch ohne besondere Kennzeichnung nicht zu der Annahme, dass solche Namen im Sinne der Warenzeichen- und Markenschutzgesetzgebung als frei zu betrachten wären und daher von jedermann benutzt werden dürften.

Information bibliographique publiée par la Deutsche Nationalbibliothek: La Deutsche Nationalbibliothek inscrit cette publication à la Deutsche Nationalbibliografie; des données bibliographiques détaillées sont disponibles sur internet à l'adresse http://dnb.d-nb.de.
Toutes marques et noms de produits mentionnés dans ce livre demeurent sous la protection des marques, des marques déposées et des brevets, et sont des marques ou des marques déposées de leurs détenteurs respectifs. L'utilisation des marques, noms de produits, noms communs, noms commerciaux, descriptions de produits, etc, même sans qu'ils soient mentionnés de façon particulière dans ce livre ne signifie en aucune façon que ces noms peuvent être utilisés sans restriction à l'égard de la législation pour la protection des marques et des marques déposées et pourraient donc être utilisés par quiconque.

Coverbild / Photo de couverture: www.ingimage.com

Verlag / Editeur:
Éditions universitaires européennes
ist ein Imprint der / est une marque déposée de
OmniScriptum GmbH & Co. KG
Heinrich-Böcking-Str. 6-8, 66121 Saarbrücken, Deutschland / Allemagne
Email: info@editions-ue.com

Herstellung: siehe letzte Seite /
Impression: voir la dernière page
ISBN: 978-3-8417-4607-8

Zugl. / Agréé par: Annaba, Université Badji Mokhtar, 2013

Construction d'ontologies en arabe

(Extraction de termes et de relations à partir de textes)

Soraya Zaidi–Ayad

Dédicace

A la mémoire de ma mère
A mon père

Aux deux perles de ma vie :
Khansa, Ma fille :
Un puits profond d'amour dans lequel je puise chaque jour, qui depuis qu'elle est née, une douce lumière brille dans ma vie et continue... Elle m'a appris sur moi plus que je n'en ai jamais su et elle continue...

Houdeifa, Mon fils :
Un grand cœur plein de générosité, qui malgré son jeune âge me donne déjà des leçons de la vie.
Qu'ils trouvent ici l'expression de mon profond amour !

Farid,
Mon compagnon de route, le refuge vers lequel je me tourne dans les moments de doute,
Merci de me supporter encore et malgré tout

Remerciements

Louanges à Allah, qui m'a donné la foi et la conviction, qui a éclairé mon chemin et a mis sur ma route des gens pour m'aider à aller là où je suis, et de faire ce que je fais !

Je tiens à témoigner ma profonde gratitude à Monsieur *Mohamed Tayeb Laskri* et Monsieur *Ahmed Abdelali* pour avoir respectivement accepté de diriger et de co-diriger ce travail de thèse, pour m'avoir guidée et pour m'avoir conseillée.

Monsieur **Laskri,** qui a toujours accepté mes idées et m'a toujours encouragée à voler de mes propres ailes…

Durant tout mon cursus universitaire, il m'a appris à oser emprunter des chemins peu praticables, à sillonner des pistes peu abordables et à y laisser des traces aussi imperceptibles soient-elles !

Monsieur **Abdelali,** qui m'a accompagnée et encadrée bénévolement tout en ayant le souci de la précision de la rigueur qui frise quelque fois la perfection. Il m'a dirigée et assistée techniquement. Outre ses qualités d'encadrant, il m'a toujours permis d'avancer à un rythme régulier dans mes travaux, m'encourageant à persévérer lorsque les résultats obtenus n'étaient pas toujours ceux souhaités.

Je lui en suis profondément reconnaissante.

Je remercie le professeur **Abdelkader Benyettou** d'avoir accepté de présider mon jury de thèse. Je le remercie également de m'avoir fait part de ses remarques pertinentes !

Merci à mes examinateurs, les professeurs **Nadir Farah, Okba Kazar** et **Amar Balla.**

Je les remercie d'avoir accepté de rapporter mon manuscrit de thèse.

Je les remercie pour les remarques fondées et avisées qui vont me permettre d'ouvrir des perspectives intéressantes.

Je tiens à exprimer vivement mes profonds remerciements à *Radia Amirouche*, doctorante en informatique, pour son aide Ô combien précieuse, sans elle, je pense que je n'aurai jamais pu soutenir ce travail, toujours présente et serviable à l'extrême ! Elle a fait pour moi tout le travail fastidieux, qu'elle trouve ici l'expression de ma reconnaissance la plus profonde et la plus sincère ! Puisse Allah te rendre la pareille Radia!

Merci à ma sœur **Zoulikha,** à mes neveux **Sofiane, Hana** et **Islam** qui ont accepté de relire mes articles en Anglais, les commenter et les corriger.
Mes sincères remerciements s'adressent aussi aux professeurs *Kamal Bechkoum, Djemel Ziou* et *Fatiha Sadat* pour leurs conseils et leurs encouragements.

Merci également à *Sihem Klai*, pour son soutien très appréciable!
Je ne pourrai oublier de remercier tous ceux qui ont contribué de près ou de loin à l'élaboration de ce travail !

Résumé

Le besoin de disposer d'applications capables de traiter intelligemment la surcharge d'information disponible sur le Web, est devenu pressant face à l'explosion vertigineuse du nombre de pages qui ne cesse de s'accroitre d'une façon exponentielle. Ce besoin est encore plus capital dans certaines tâches qui nécessitent la manipulation du contenu et de la sémantique des documents en langage naturel ou dans la capitalisation de l'expertise humaine dans des domaines de spécialités fines. Les ontologies représentent un moyen prometteur pour relever ce challenge. Leur construction manuelle s'est avérée trop onéreuse et très peu réutilisable. La construction semi-automatique commence à donner des résultats encourageants, vu la facilité relative à les mettre au point et à être plus partageables et plus réutilisables. Les ontologies en langue arabe sont quasi inexistantes, pourtant l'Arabe est une langue parlée par plus de 300 millions de personnes dans plus de 22 pays. C'est dans cet ordre d'idées que s'inscrit notre travail. Notre objectif, dans cette thèse, est de proposer une approche statistique pour l'extraction de termes simples à partir de corpus arabes (ici le saint Coran), basée sur tf-idf, puis une approche hybride pour l'extraction des termes composés et des relations, d'abord par l'application d'une méthode linguistique basée sur des règles syntaxiques, ensuite un filtrage par une méthode statistique en utilisant une métrique servant à mesurer le degré de cohésion entre deux termes ou un ensemble de termes qui est l'information mutuelle, pour définir d'un coté les collocations et d'un autre coté détecter les éventuelles relations qui peuvent exister entre ces termes. Nous proposons par la suite une formalisation des concepts à l'aide de la logique de description pour permettre d'un coté la vérification des inconsistances et l'opérationnalisation de l'ontologie produite et son intégration dans d'autres applications. L'ontologie créée peut alors être utilisée dans l'amélioration de la recherche d'information, l'indexation ou la traduction automatique ou dans toutes autres applications relevant du Web sémantique. La contribution originale de notre travail, réside dans le fait que pour la première fois, l'accent est mis sur les outils d'extraction de termes et de relations à partir de textes arabes et plus spécifiquement le texte coranique. Nous pensons être précurseurs dans la formalisation de concepts arabes à l'aide de la logique de description.

Abstract

The need for applications that are able to process the overload information on the Web, is thriving because of the explosion of the dizzying number of pages that continues to increase exponentially, every day. This need has become essential for tasks that require handling contents and semantics of natural language documents or in the capitalization of human expertise in areas of fine specialty. Ontologies are a promising way to meet this challenge. Their manual construction proved too to be expensive and very few are reusable. The semi-automated construction starts to give promising results, given the relative ease of developing them to be more and more reusable and shareable. Even though Arabic is a language which is spoken by over 300 million people in over 22 countries, Ontologies in Arabic are almost non-existent. The Quran, the holy book of Islam, gave the language a considerable geographic expansion.

It is in this context that our work fits. Our goal in this thesis is to propose a statistical approach to the extraction of simple terms from Arabic corpus (here the Qur'an), based on tf-idf, then a hybrid approach for the extraction of compound terms and relations, first by applying a method based on syntactic rules, then filtered by a statistical method using a metric for measuring the degree of cohesion between two words or a set of terms that the mutual information, to define collocations one side and another side to detect possible relationships that can exist between these collocations.

After that, we propose formalization of concepts using the description logic to allow one side checking inconsistencies and operationalization of the ontology produced and its integration into other applications.

The ontology created can then be used in improving information retrieval, indexing and machine translation or any other applications in the Semantic Web.

The original contribution of our work lies in the fact that for the first time, the emphasis is on tools for extracting terms and relations from Arabic texts and more specifically the Quran.

ملخص

لقد أصبحت الحاجة إلى التطبيقات التي بإمكانها التعامل بذكاء مع الكم المتزايد
للمعلومات على شبكة الإنترنت عاجلة مع انفجار عدد مذهل من الصفحات
التي لا تزال تتزايد أضعافا مضاعفه كل يوم. لذلك أصبحت هذه الحاجة أساسية
أكثر في بعض المهام التي تتطلب منا التعامل مع المحتوى الدلالي المكتوب باللغة
الطبيعية أو تثمين الخبرة البشرية في بعض المجالات ذات الاختصاصات الدقيقة.
لذلك تعتبر الانتولوجيات هي وسيلة واعدة لرفع هذا التحدي. إن الإنشاء
اليدوي لهذه الانتولوجيات مكلف جدا ، زيادة على ذلك فانه من النادر اعادة
استعمالها.

بدأ البناء شبه الآلي في إعطاء نتائج مشجعه نظرا إلى السهولة النسبية لتطويرها
وإمكان إعادة استخدامها وتقاسمها.

الأنتولوجيات باللغة العربية تكاد تكون منعدمة، رغم أن اللغة العربية هي اللغة
التي يتحدث بها أكثر من 300 مليون شخص عبر أكثر من 22 بلدا. هذا و
فقد أعطى القرآن الكريم، الكتاب المقدس للإسلام، توسعا جغرافيا كبيرا للغة
العربية.

إن هدفنا في هذه الأطروحة هو اقتراح مقاربة هجينة لاستخراج المصطلحات و
العلاقات الدلالية من المدونات العربية (استعملنا هنا مدونة القرآن الكريم)، نقوم
بعد ذلك بكتابة هذه العلاقات و المصطلحات باستعمال المنطق الوصفي للتحقق
من عدم احتوائها على التناقضات ثم ادماجها في تطبيقات أخرى.

VI

Table des matières

1. Introduction

1.1. Problématique

La masse importante, voire ahurissante d'information dans tous les domaines a généré un besoin pressant d'organiser et de structurer des contenus de documents disponibles. Avec l'avènement de l'Internet, l'explosion vertigineuse du nombre de pages mises chaque jour sur le Web, le foisonnement de données numériques qui ne cessent de s'accroitre d'une façon exponentielle, ce besoin est devenu capital! En effet plusieurs taches informatiques telles que la recherche et l'extraction d'information, l'indexation de documents électroniques, ou la traduction automatique nécessitent un développement croissant d'applications capables de gérer des connaissances exprimées dans le langage naturel. Les applications classiques ne répondent plus aux exigences de plus en plus pointues des utilisateurs potentiels du réseau mondial. Ceux-ci aspirent à des systèmes leur permettant d'accéder à l'information le plus rapidement possible. De tels systèmes, nécessitent généralement un traitement intelligent du contenu textuel des documents présents sur la toile.

Le traitement automatique du langage naturel(TALN) est un des domaines de l'intelligence artificielle dont l'objectif principal est d'exploiter la richesse de la langue naturelle. Le problème crucial à résoudre dans le TALN est celui de comprendre un texte. De multiples efforts ont été effectués dans ce domaine, l'idée est de faire de la machine un outil capable de comprendre et d'interpréter le contenu d'un document numérique.

Un des principaux enjeux actuels du TALN est de capter l'information portée par un texte et d'accéder à son sens. Ceci passe, inéluctablement, par la reconnaissance et le traitement des unités linguistiques véhiculant une forte valeur informative.

Parmi les techniques introduites par l'intelligence artificielle, au début des années 90 et afin de permettre une meilleure manipulation et compréhension des documents électroniques disponibles, les ontologies représentent l'une des voies les plus prometteuses dans ce domaine.

Les ontologies doivent leur popularité au fait qu'elles peuvent être utilisées dans n'importe quel domaine et à n'importe quel niveau dans ce domaine, basées sur un raisonnement intuitif et donc proche du raisonnement humain, elles ne pouvaient trouver terrain plus fertile que le traitement automatique du langage naturel. La notion d'ontologie tend également à se généraliser dans des domaines tels que l'intégration de l'information intelligente, la recherche d'informations sur Internet, et la gestion des connaissances.

La création d'ontologie peut se faire manuellement ou d'une façon semi-automatique. Construire une ontologie manuellement requiert la collaboration de plusieurs experts du domaine, elle a été abandonnée au profit d'une construction automatique, parce qu'elle coutait très cher.

Nous nous intéressons dans ce travail de thèse, à la construction semi-automatique d'une ontologie à partir de textes arabes et plus spécifiquement une ontologie pouvant représenter le texte coranique.

1.2. Motivation

Les ontologies en langue arabe sont quasi inexistantes, nous pouvons citer quelques travaux encore en herbe[1] **(Hadj Henni, 2007)** et **(Jarrar & al., 2010)** au fond de laboratoires qui se comptent sur les doigts de la main. Pourtant l'Arabe est une langue parlée par plus de 300 millions de personnes dans plus de 22 pays. Le Coran, livre saint de l'Islam, a été révélé au prophète Muhammad (PSSL) en Arabe, donnant ainsi à la langue une expansion géographique telle que connue de nos jours. Le traitement automatique de l'Arabe est considéré comme difficile à appréhender, en raison des caractéristiques morphologiques et structurelles, telles que la polysémie, les formes irrégulières de certains mots ainsi que ses propriétés dérivatives et concaténatives.

La contribution originale de notre travail, réside dans le fait que pour la première fois, l'accent est mis sur les outils d'extraction de termes et de relations à partir de textes arabes et plus spécifiquement le texte coranique. Nous pensons être précurseurs dans la formalisation de textes arabes à l'aide de la logique de

---

[1] http://corpus.quran.com/ontology.jsp

description. Nous avons tenté de proposer une plateforme pour les différentes étapes de la construction d'une ontologie pour la langue arabe, complètement indépendante du domaine, pouvant être utilisée dans n'importe quelle autre discipline.

Notre objectif final a été d'un coté de mettre à la disposition de l'utilisateur du Coran, un outil lui permettant une recherche avancée dans les différents termes et relations du texte saint et d'un autre coté doter la communauté œuvrant dans ce domaine, d'une ontologie pouvant être intégrée dans différentes applications et ce pour permettre la manipulation sémantique du contenu coranique.

Cependant, si notre première application a été faite sur le livre saint pour son caractère sacré, les outils présentés peuvent aussi bien être adaptés à d'autres domaines traitant de la langue arabe.

1.3. Plan du mémoire

Ce mémoire est structuré ainsi :

Dans le chapitre 1, nous présentons la langue arabe et ses principales caractéristiques influant sur son traitement automatique et donnons un bref aperçu sur le Coran puisque c'est le texte traité dans ce travail.

Le chapitre 2 est consacré aux ontologies, les méthodologies existantes, les stratégies de construction, les formalismes et les langages utilisés.

Le chapitre 3 est un état de l'art, nous y abordons les méthodes d'extractions de termes et de relations et donnons un bilan des outils existants pouvant être adaptés à l'Arabe ainsi que leur performance.

Dans le chapitre 4, nous présentons la méthodologie proposée pour la construction automatique d'ontologies à partir de textes arabes : extraction de termes et de relations, formalisation et opérationnalisation. Nous détaillons les résultats obtenus et discutons les points forts et les points faibles de notre approche, puis nous donnons un aperçu sur la formalisation des concepts et relations avec la logique de description et un exemple d'application de l'ontologie.

A la fin, nous présentons les perspectives et les conclusions données à ce travail de recherche.

Chapitre1 : Les caractéristiques de la langue arabe

1. Introduction

L'Arabe appartient au groupe des langues dites sémitiques tels que le Cananite, l'Aramaic, l'Arabe du sud et l'Ethiopien (*figure1.1*). L'Arabe, langue sacrée du Coran, connaît une grande stabilité dans un créneau bien précis qui est celui de la littérature classique, des milieux de l'enseignement, la culture officielle et de la presse. C'est l'Arabe standard ou littéraire, universellement partagé par les lettrés de tous les pays arabes. Par contre, parallèlement à cette lignée relativement figée si ce n'est l'élargissement du lexique, il existe de nombreuses branches s'écartant plus ou moins de la norme. L'Arabe dialectal dans toutes ses variétés, essentiellement oral, et le moyen Arabe (état intermédiaire entre le dialectal et le classique) essentiellement écrit, sont autant de réalisations différentes d'une même source. Suffisamment proches pour constituer une seule et même langue, suffisamment éloignées pour ne pas s'intégrer dans les mêmes systèmes de traitement automatique (**Laurence, 2004**).

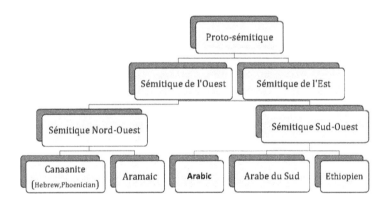

Figure 1: Classification traditionnelle des langues sémitiques
(**Versteegh & Versteegh , 1997**)

L'avènement de l'Islam propulsa le développement de la grammaire arabe. Cependant, le travail le plus important a été réalisé par des non-arabes. Après les conquêtes arabes et l'installation de nouvelles populations, des incidents relatifs à l'ambiguïté dans la lecture des lettres possédant la même forme allaient se répéter ; ce qui amena *Abou El Asaoud Addouali*[2] à mettre les points sur les lettres pour faire la distinction entre les voyelles. Par la suite ce sont deux de ses disciples qui allaient provoquer l'essor de l'écriture de la langue. Cependant, quelques difficultés persistaient encore au niveau de la lecture. Il a fallu attendre les travaux de *Khalil Ben Ahmed Al-Farahidi*[3] pour voir celui-ci remplacer les points par un système de traits et de ronds qui allait, enfin, stabiliser l'écriture arabe.

2. Particularité de la langue arabe

L'Arabe est l'un des langages, souvent décrits comme morphologiquement complexe. Composé de 28 lettres (25 consonnes et 3 voyelles longues), les voyelles courtes n'étant pas représentées par des lettres mais par des diacritiques, placées sur ou sous les consonnes. Les lettres sont monocamérales, dans le sens où il n'existe pas de minuscule et de majuscule. Les textes arabes sont généralement non voyellés, ce qui constitue une grande source d'ambiguïté lexicale.

L'Arabe s'écrit de droite à gauche avec la particularité que les lettres épousent des formes différentes selon qu'elles soient au début, au milieu ou à la fin du mot, le tableau1 illustre le script de quelques lettres dans les trois cas de graphie. Cependant, Il faut noter que certaines lettres ne s'attachent pas à celles qui la succèdent comme { ا، د، ذ، ر، ز، و }.

A la fin du mot	Au milieu du mot	Au début du mot
أ، ؤ، ئ، ء	ـﺄ	أ
ب، ـب	ـبـ	بـ
ه، ـه	ـهـ	هـ
م، ـم	ـمـ	مـ
ـي، ي	ـيـ	يـ
غ، ـغ	ـغـ	غـ

Tableau 1.: Etat de transcription des lettres arabes

[2] http://www.al-shia.org
[3] http://www.moheet.com

2.1. La structure morphologique d'un mot arabe

L'Arabe est une langue générative, les noms et les verbes sont dérivés d'une racine, généralement, trilitère. Nous pouvons engendrer jusqu'à 150 mots différents à l'aide de schèmes et ce, à partir d'une même racine. Le tableau 2 donne quelques schèmes du mot « شهد ».

Schème	شهد	
فَعَلَ	شَهَدَ	Il a témoigné
فعَلَ	شَهَدَ	Il a assisté
فَاعَلَ	شَاهَدَ	Il a regardé
فَاعِلٌ	شَاهِدٌ	Témoin
مَفْعَلٌ	مَشْهَدٌ	Scène
فُوعِلَ	شُوهِدَ	Il a été vu
فَعَالَةٌ	شَهَادَةٌ	Témoignage, certificat
فَعِيل	شَهِيد	Martyr

Tableau 2: Quelques schèmes du mot "شهد"

Dans un mot arabe, la base est généralement entourée de propositions et de pronoms qui s'agglutinent à la racine en tant que préfixes, suffixes, infixes, antéfixes ou postfixes, de telle sorte qu'un mot arabe peut résumer à lui seul, toute une phrase exprimée dans une autre langue telle que le Français par exemple, le tableau 3. montre un exemple de segmentation d'un mot arabe.

أستمتلكونه: Est-ce que vous allez vous l'approprier ? Ce mot peut être segmenté ainsi :

ـه	ـونـ	لك	ـتـ	ـم	تـ	أ سـ
			Infixe			
Postfixe	Suffixe	Corps schématique			Préfixe	Antéfixe

6

ـه	ـون	لك ـ ـ	تـ	أ ـ
Pronom complément du nom	Suffixe verbal exprimant le pluriel	كتب: Racine	Préfixe verbal du temps de l'inaccompli	!: Question س: Futur

Tableau 3: *Exemple de segmentation d'un mot arabe*

- o Les antéfixes sont des prépositions ou conjonctions (question, futur..) ;
- o Les préfixes, infixes et suffixes expriment les traits grammaticaux et indiquent :
    - - Cas du nom ;
    - - Mode du verbe (actif, passif);
    - - Modalités : nombre (singulier, duel, pluriel), genre (masculin, féminin), personne (1er, 2eme ou 3eme type);
- o Les postfixes sont des pronoms personnels (**Douzidia, 2004**).

2.2. Les catégories du mot

Il existe trois catégories pour un mot arabe : nom, verbe et particule.

2.2.1. Le verbe

Le verbe est une entité qui exprime un sens variant en nombre, en personne et en temps, exemple : شاهد; sa conjugaison dépend du temps, du nombre, du genre, de la personne et du mode, il peut donc être exprimé à l'accompli ou l'inaccompli, au singulier, duel ou pluriel, au masculin ou au féminin, au premier, deuxième ou troisième type et être au mode actif ou inactif.

2.2.2. Le nom

Le nom est un élément désignant un être ou un objet qui exprime un sens indépendamment du temps, exemple : الكتاب.

Il peut être propre, commun ou dérivé d'un verbe. Il s'exprime au singulier, au duel ou au pluriel, au féminin ou au masculin. Il peut être agent, objet, instrument ou lieu.

2.2.3. La particule

La particule est une entité qui sert à situer les événements par rapport au temps et par rapport à l'espace.

Elles peuvent être des conjonctions de coordination « و، أو،أم.. » ou de subordination « ..إذا، لأن ». Les particules sont généralement des mots outils, bien que jouant un rôle important dans la cohésion d'une phrase, sont souvent associées à des mots vides qui ne véhiculent pas un sens spécifique à un domaine donné.

3. Les problèmes liés au traitement automatique de l'arabe

Vu ses particularités, le traitement automatique de l'Arabe, fait face à un certain nombre de problèmes, les plus importants sont le problème de la voyellation, l'agglutination et l'extraction de la racine.

3.1. Le problème de la voyellation

L'absence de la voyellation est très souvent une grande source d'ambiguïté pour l'analyse morphologique, syntaxique, sémantique et même pragmatique. La majorité des textes écrits, exception faite pour les textes sacrés et quelques ouvrages pédagogiques, sont non voyellés. Cette ambiguïté réside dans le fait que 74% des mots qui composent le vocabulaire arabe, acceptent plus d'une voyellation lexicale, et 89,9% des noms qui le constituent acceptent plus d'une voyellation casuelle. La proportion des mots ambigus passe de 90,5% si les comptages portent sur leurs voyellations globales (lexicales et casuelles, les casuelles en cas du nom étant : ٌ   َ ،ٌ) (**Debili & Achour, 1998**).

Prenons l'exemple du mot شهد et ses voyellations données par le dictionnaire *almaani*[4]:

شَهْد	Miel (cire d'abeille)
شَهِد	Informer, affirmer, a été présent, a vu
شَهَّد	A fait une déposition
شُهَّد	Comme ركّع
شُهَّد	Pluriel de شاهد: des témoins
شَهْد	Nom propre féminin, Plante

Tableau 4: Les différentes voyellations du mot " شهد "

---

[4] http://www.almaany.com

Si le problème est aussi commun au Français où 28 % des mots sont ambigus à cause de l'absence d'accentuation, en arabe la proportion est bien plus grande, en effet, l'ambiguïté touche 95% des mots **(Douzidia, 2004)**.

3.2. Le problème de l'agglutination

Comme nous l'avons cité à la section 2.2.1. , Une grande partie des mots arabes sont générés en agglutinant des proclitiques et des enclitiques à un radical. Pour déterminer un nom, par exemple, on ajoute (ال = al), comme dans le mot « الشمس » (Le soleil). Les pronoms personnels peuvent se rattacher aux noms (آياته= ses signes), comme aux verbes (أنزله = il l'a révélé). Les particules aux noms (كالمجرمين =sur le même pied d'égalité que les criminels), les conjonctions de coordination aux verbes (فتولّى =et il se retira)[5].

Le problème, dans le cadre du traitement automatique de l'Arabe, est de pouvoir bien décomposer le mot en ses différentes parties **(Baloul, 2003)**.

3.3. L'extraction de la racine

Afin d'obtenir la racine d'un mot, il faut d'abord connaître le schème par lequel il a été dérivé, supprimer les éléments flexionnels (antéfixes, préfixes, suffixes, post fixes) qui lui sont attachés. En général des tables de préfixes et de suffixes sont utilisées, comme c'est le cas d'Aramorph[6]. La nature agglutinative de l'Arabe rend cette tache, assez difficile. Cette difficulté est encore plus accrue, lorsqu'il s'agit de textes non voyellés.

L'analyse morphologique devra donc découper le mot et identifier des préfixes comme les conjonctions (و = et) et (ف = puis), des prépositions comme (ب = avec) et (ل =pour), l'article défini (ال= le, la, les) et des suffixes de pronom possessif (ـه =à lui, ـها =à elle, ـهم =à eux, ـهنّ = à elles) etc.

« *La phase d'analyse morphologique détermine un schème possible. Les préfixes et suffixes sont trouvés en enlevant progressivement des préfixes et des suffixes et en essayant de faire correspondre toutes les racines produites par un schème afin de retrouver la racine* » **(Douzidia, 2004).**

---

[5] Traduction du Coran sur : http://www.yabiladi.com/coran
[6] http://aramorph.sourceforge.net/

En plus, d'autres problèmes d'ordre orthographique peuvent entraver l'analyse, comme la présence de la khashida ou « harf tatwiyl « ـ » », la confusion entre «أ » et «ا », «ي » et «ى » ainsi que «ة » et «ه » à la fin d'un mot (**Mesfar, 2008**).

3.4. La terminologie

Linguistique	Ordinateur
اللغويات	حاسب آلي
اللسانيات	حاسب الكتروني
الألسنية	دماغ إلكتروني
علم اللغة	كمبيوتر
	حاسوب

Tableau 5: Les différents termes utilisés pour les mots : linguistique et ordinateur

Le problème de terminologie dans la langue arabe cherche toujours sa solution. Nul ne peut ignorer l'anarchie dans laquelle se débat le terme dans tous les domaines de recherche. A l'instar des autres domaines, la linguistique et l'informatique ne sont guère épargnées. Il suffit de prendre comme exemple quelques termes linguistiques et informatiques improvisés sous plusieurs équivalents dans les différents pays arabes, dont personne ne songe à une convention pour les unifier (voir Tableau 5).

Il est clair que ce problème engendre une autre difficulté dans le traitement automatique de l'Arabe et pas des moindres. Nous savons aussi, que cela va jusqu'à ne pas trouver des fois l'équivalent d'un terme dans la langue arabe, ce qui a imposé dans certaines circonstances l'improvisation de termes dont le consensus n'est guère garanti par les différentes communautés académiques arabes.

D'autres parts, la richesse de l'Arabe en synonymes donne lieu en ce qui concerne un même terme, à des choix différents par chaque académie de langue arabe isolément, ce qui fait que chaque ouvrage dépend en matière de termes, du pays arabe d'origine[7].

4. Le Coran

Puisque le travail présenté dans cette thèse, porte essentiellement sur le Coran, nous allons donner un aperçu sur ce livre saint parmi les trois livres représentant les religions monothéistes.

---

[7] http://www.wata.cc/مجلة واتا للغة والترجمة

Le mot Coran signifie lecture. C'est la parole d'Allah, Mohamed (PSSSL), n'étant que l'agent qui reçoit la révélation du Message divin pour le communiquer à sa communauté d'abord, ensuite à l'humanité toute entière. Il est inimitable et ceci jusqu'à la plus petite sourate. Le Coran comporte 114 Sourates dont le classement a été opéré par les soins du prophète sur ordre d'Allah. Il est transmis par génération successive (tawaatour). Sa lecture est une adoration, il commence par la sourate El Fatiha et se termine par la sourate Ennas[8].

Les thèmes sont reproduits et réitérés à travers tout le Coran avec des expressions et des formes différentes de façon à donner au lecteur attentif la possibilité de saisir un aspect nouveau du problème ou de lui faire découvrir une dimension nouvelle du texte, de lui procurer un avantage ou la détermination d'un objectif bien spécifique.

Le premier verset révélé au prophète Mohamed (PSSSL) est :

« اقْرَأْ بِاسْمِ رَبِّكَ الَّذِي خَلَقَ » (العلق1)

« Lis, au nom de ton Seigneur qui a créé»

Et le dernier est :

« واتقوا يوما ترجعون فيه إلى الله ثم توفى كل نفس ما كسبت وهم لا يظلمون» (البقرة281)

« Et craignez le jour où vous serez ramenés vers Allah. Alors chaque âme sera pleinement rétribuée de ce qu'elle aura acquis. Et il ne seront point lésés »[9].

L'intégralité du Coran est en arabe, il n'y a pas un mot de langue étrangère. L'exégèse du Coran ou sa traduction dans une autre langue ne sont pas du Coran et ceci quel que soit son niveau d'interprétation ou d'explication, car le Coran fut révélé par Allah (Exalté soit-Il). Les hadiths divins ne sont pas considérés comme étant du Coran. Le Coran est constitué de plus de 6000 versets (6226)[10], concernant différents sujets : sur la foi, la législation, la morale, ou bien les

---

[8] www.Islama.com
[9] Traduction sur: http://www.mosquee-lyon.org
[10] http://quran.al-shia.org

histoires. Il y a aussi des allusions scientifiques faites au sujet de l'univers, de la société. Nous n'y décelons aucune contradiction, aucune règle n'en contredit une autre, malgré qu'il fût révélé durant 23 années. Le style coranique est en parfaite adéquation avec les réalités du contexte. Concernant la législation, les mots sont extrêmement précis, dans le domaine de la foi, ou de l'adoration, le style est touchant et fait vibrer les âmes.

Le Coran est un guide dans l'adoration et la bonne morale. Il n'est pas parmi ses objectifs l'approbation de certaines vérités scientifiques, mais il aborde ce sujet de façon succincte lorsqu'il parle, de la création des cieux et de la terre, de l'ornement des cieux par la beauté des étoiles, de la création de l'homme, des plantes, des animaux, et ceci afin de prouver l'existence d'Allah (Exalté soit-Il) et son unicité. Nous y décelons quelques signes confirmant des règles universelles et des lois divines qui sont en concordance avec les réalités scientifiques anciennes et contemporaines, comme :

«أَوَلَمْ يَرَ الَّذِينَ كَفَرُوا أَنَّ السَّمَاوَاتِ وَالْأَرْضَ كَانَتَا رَتْقاً فَفَتَقْنَاهُمَا وَجَعَلْنَا مِنَ الْمَاء كُلَّ شَيْءٍ حَيٍّ أَفَلَا يُؤْمِنُونَ»

(الأنبياء30)

« Ceux qui ont mécru, n'ont ils pas vu que les cieux et la terre formaient une masse compacte ? Ensuite Nous les avons séparés et fait de l'eau toute chose vivante. Ne croiront-ils donc pas » Sourate 21. Les Prophètes « El Anbiya » verset 30.

En vue de sa récitation, le Coran fut divisé postérieurement en sept parties *manzil* (مَنْزِل) ce qui permet de le réciter en entier au cours d'une semaine, il est aussi divisé en trente parties *juz'* (جُزْء) pour sa récitation en un mois. Un signe particulier « ❀ » marque le début de ces divisions.

Chaque *juz'* est divisé en deux sections ou *hizb* (حِزْب) et chaque *hizb* est divisé à son tour en quatre quarts ou *rub'* (رُبْع).

13

5. Conclusion

Nous avons abordé dans ce chapitre les principales particularités de la langue arabe et qui peuvent expliquer la différence au niveau du traitement automatique entre l'Arabe en tant que langue sémitique et les autres langues.

Nous tenons à souligner aussi que des efforts considérables sont faits de part et d'autres du monde arabe, pour rendre les outils nécessaires de traitement automatique, disponibles, notamment dans la phase d'analyses morphosyntaxiques et pour tenter de résoudre quelques problèmes épineux qui entravent encore, le chemin des chercheurs dans ce domaine. Pour cela nous devons avant tout nous tourner d'abord vers ce qui est déjà disponible pour les autres langues et étudier leur degré d'adaptabilité sans pour autant perdre de vue toutes les particularités et les spécificités des caractères arabes. Le problème ne trouvera pas de solutions si nous n'essayons pas de sensibiliser les linguistes arabes autour du problème du TAL qui ne peut vraiment progresser sans leur contribution.

Chapitre 2 : Les ontologies

1. Introduction

La masse de plus en plus croissante d'information dans tous les domaines a généré un besoin capital d'organisation et de structuration des contenus de documents, disponibles généralement sur le web. Les ontologies en sont un moyen prometteur et qui ne cesse de donner ses preuves. Leurs applications sont multiples : indexation, recherche d'informations, traduction automatique, e-Learning etc.

Les principaux buts de la construction des ontologies sont la partageabilité, la portabilité, la réutilisabilité et la capitalisation de la connaissance et de l'expertise d'un domaine. Parce que l'information n'est pas statique, parce qu'elle se modifie, s'enrichisse, s'altère avec le temps et qu'elle vienne de différentes sources, nous avons besoin d'outils et de modèles qui permettent aux utilisateurs et aux experts du domaine de constituer, consulter et maintenir à jour leurs connaissances du domaine.

2. Définitions

Le mot *ontologie* qui vient du grec *ontos* =être et *logos*= études, appartient à la philosophie ancienne grecque, Aristote le définit comme la science de l'Être en tant qu'être (**Welty & Guarino, 2001**). Il est difficile de définir ce qu'est une ontologie d'une façon définitive. Le mot est en effet employé dans des contextes très différents touchant à la philosophie, la linguistique ou l'intelligence artificielle.

Bien que des débats préexistent, nous parlons plus souvent d'ontologies (au pluriel) afin de refléter les multiples facettes que recouvre cette appellation (**Baneyx, 2007**). Guarino (**Guarino, 1996**) et Dameron (**Dameron, 2003**), abordent les différentes définitions de la littérature afin d'examiner le type de représentation des connaissances dénoté par le terme ontologie. En 1993, Gruber propose une première définition « *une ontologie est une spécification explicite d'une conceptualisation* », (**Gruber, 1993**). L'expression *spécification explicite* signifie, que la conceptualisation est représentée dans un langage qu'il soit naturel (arabe, français..) ou formel (logique de description, graphes conceptuels ..).

15

Une autre définition, peut être plus rigoureuse : « *Une ontologie implique une certaine vue du monde par rapport à un domaine donné. Cette vue est souvent conçue comme un ensemble de concepts (entités, attributs, processus, leurs définitions et leurs interrelations). On appelle cela une conceptualisation* » (**Charlet, 1996**). Une ontologie peut prendre différentes formes mais elle inclura nécessairement un vocabulaire de termes et une spécification de leur signification (**Baneyx & Charlet, 2006**). En résumé, nous pouvons définir une ontologie comme l'ensemble représentatif et exhaustif des termes d'un domaine donné avec toutes les relations qui les relient.

3. Constituants d'une ontologie

Une ontologie en tant qu'artefact informatique, comme nous l'avons défini dans la section2, est donc constituée de termes, leur définition, leurs propriétés, des contraintes sur les propriétés, des individus, et des relations. Dans ce qui suit, nous allons aborder ces concepts plus en détails.

3.1. Les concepts

Un concept, également appelé *classe* dans certains travaux ou outils, représente l'idée que l'on se fait d'un terme : le contenu. Il est porteur d'une connaissance. Il peut designer un objet concret comme :(كتاب =*livre*) ou abstrait comme :(تقوى = *piété*). *Livre*, désignant dans notre contexte, un livre sacré.

3.2. Les propriétés

La propriété est une caractéristique qui qualifie un concept et qui peut généralement être dotée d'une valeur. Si nous prenons l'exemple précédent (كتاب =livre) nous pouvons designer quelques propriétés comme : (الاسم_الكتاب = titre_du_livre), (اسم_النَّبي = nom_du_prophète) à qui il a été révélé, (عدد_السور = nombre_de_chapitre), ceci bien sûr, dans un certain contexte.

3.3. Les facettes

Les facettes sont des restrictions sur les valeurs des propriétés, si nous prenons l'exemple cité dans la section 3.2., La facette de (الاسم_الكتاب = titre_du_livre) sera une liste de tous les livres saints, en l'occurrence (القرآن =Coran, الانجيل =Bible, التوراة=Torah, الزابور=Zabur, الصحف= Souhouf). Quant aux facettes de (عدد_السور = nombre_de_chapitre), ce sera tout simplement un entier.

3.4. Les instances

Les instances d'un concept concret sont des éléments singuliers de ce concept, aussi appelées individus dans certains travaux. (القرآن =Coran, الإنجيل =Bible, التوراة=Torah, الزبور =Zabur, الصحف= Suhuf) sont des instances de (كتاب =livre). Les instances ne sont nécessaires que lorsque l'objectif de l'ontologie est de servir à la construction d'une base de connaissances.

3.5. Les relations

Les relations sont un type d'interaction entre deux concepts. La relation la plus utilisée est sans doute celle qui établit la hiérarchie de la structure ontologique, c'est la relation de subsomption (عبارة_عن = *est_un*).

B *est_un* A, exprime le fait que le concept B est un sous concept du concept A, dans le sens où B hérite de toutes les propriétés de A et a forcement des propriétés spécifiques.

Exemple : (إنسان عبارة_عن رجل) et (إنسان عبارة_عن امرأة).

Figure 2: La relation de subsomption

Il existe deux types de relations : celles qui sont indépendantes du domaine et celles qui sont étroitement liées au domaine choisi.

Les relations indépendantes du domaine sont générales et peuvent être utilisées dans n'importe quel champ de spécialité, les plus connues sont (عبارة_عن= *est_un*), (نوع_من= *sorte_de*), (جزء_من= *partie_de*) etc.

Les relations dépendantes du corpus, spécifiques à un domaine, ont un sens précis dans le domaine utilisé.

Exemple :

(القرآن أُنزِل على محمد dans (est_révélé_à= أُنزِل على).

Cette relation ne peut être utilisée que dans certains domaines et elle a un sens bien précis par rapport à ce domaine.

4. Stratégies de construction d'une ontologie

Il existe deux stratégies de construction d'une ontologie : ascendante et descendante.

Dans l'ascendante, on débute par les feuilles c'est-à-dire les concepts terminaux, ce sont les plus spécifiques puis on généralise au fur et à mesure que nous montons dans la hiérarchie conceptuelle. Par exemple nous allons commencer par (كائن vers كائن_حي vers إنسان vers رجل vers طفل).

La stratégie descendante consiste à commencer par les concepts les plus génériques et développer la structure vers les concepts les plus spécifiques, elle nous permet de nous arrêter au niveau de détail désiré. Dans ce cas nous commençons par (طفل vers رجل vers إنسان vers كائن_حي vers كائن).

Toute fois, nous pouvons combiner les deux stratégies en commençant par des concepts saillants relativement au domaine, puis selon le besoin, étendre vers le spécifique ou le générique. Dans l'exemple précédent si nous considérons que (إنسان) est important par rapport à notre domaine, nous commençons par ce concept et on peut aller, soit vers le haut, soit vers le bas. Donc de (إنسان) vers رجل vers طفل), ou l'inverse de (إنسان vers كائن_حي vers كائن).

D'après l'expérience aucune stratégie n'est meilleure par rapport aux autres. La stratégie choisie, dépend principalement du point de vue du concepteur par rapport au domaine à modéliser et à l'objectif de l'ontologie.

5. Typologies des ontologies

Il existe plusieurs typologies des ontologies, proposées par des groupes de recherche selon l'objectif principal pour lequel l'ontologie a été conçue. Nous présentons dans ce qui suit les plus importantes.

5.1. Typologie de Uschold et Grüninger

Uschold et Grüninger (**Uschold & Grüninger, 1996**) ont classé les ontologies selon leur degré de formalisme.

5.1.1. les ontologies hautement informelles

Ce sont des ontologies écrites en langage naturel, elles ne sont pas traitées par une machine.

5.1.2. les ontologies semi-informelles

Elles utilisent un langage naturel structuré et limité, elles se situent entre les ontologies formelles et informelles.

5.1.3. les ontologies rigoureusement formelles

Elles sont définies dans un langage contenant une sémantique formelle, elles sont facilement traitées par une machine peuvent être intégrées dans des applications.

5.2. Typologie de Gómez-Pérez

Cette typologie a été proposée par Gomez-Pérez, à l'université de Madrid (**Gomez-Pérez, 2004**). Elle s'intéresse aux objets que modélisent les ontologies, elle les classe ainsi :

5.2.1. Ontologies pour la représentation des connaissances

Elles sont utilisées généralement lors de la construction d'un système à base de connaissance.

5.2.2. Ontologies de domaine

Elles servent à fournir une modélisation d'un domaine de connaissance donné comme la médecine ou une spécialité en médecine comme l'ophtalmologie.

5.2.3. Ontologies de haut niveau

Elles sont généralement exprimées en termes de scenarios, événements, temps et objets. On peut y greffer n'importe quelle autre ontologie du domaine.

5.2.4. Ontologies génériques

Elles ne sont pas spécifiques à un domaine précis, Aussi appelée méta-ontologie, véhicule des connaissances génériques qui, bien que moins abstraites que celles modélisées dans l'ontologie de haut niveau, doivent être assez générales pour être réutilisées dans différents domaines. Elles organisent des connaissances factuelles ou des connaissances visant à résoudre des problèmes génériques d'un ou de plusieurs domaines.

5.2.5. Ontologies de tâches

Elles modélisent le processus d'une tache spécifique ou d'une activité particulière, tel un diagnostic d'une panne par exemple.

5.2.6. Ontologies d'application

Elles décrivent une tache dans un domaine bien défini (**Mizoguchi & Ikeda, 1997**), tel que l'aide au diagnostic d'une panne dans une turbine à vapeur utilisée en électricité par exemple (**Klai & Khadir, 2009**).

5.3. Typologie en fonction du niveau de granularité

5.3.1. Granularité fine

Elles sont très détaillées, possédant ainsi un vocabulaire plus riche d'un domaine, pouvant être utilisées dans des applications spécifiques.

5.3.2. Granularité large

Elles engobent un vocabulaire moins détaillé, s'arrêtant à un certain niveau de spécificité auxquelles on peut greffer d'autres ontologies plus détaillées.

6. Méthodologie de construction

Une méthodologie étant les procédures de travail, les étapes qui décrivent le pourquoi et le comment de la conceptualisation. Bien que l'on s'accorde volontiers à dire qu'il n'existe pas de méthodologie de construction d'ontologie, ceci n'est vrai que dans le sens où aucune méthodologie proposée ne fait l'unanimité de la communauté de l'ingénierie ontologique. En effet toutes les méthodologies proposées respectent juste un certain processus de l'objectif pour lequel elles ont été crées. Nous abordons dans la section suivante les méthodologies les plus importantes qui ont réussi à acquérir une certaine crédibilité dans le monde des concepteurs d'ontologies.

Méthodologie de Uschold et Grüninger

Elle propose plusieurs étapes pour construire des ontologies manuellement (**Uschold & Grüninger, 1996**), ces étapes se résument en:

a) Identifier l'objectif souhaité et spécifier le domaine concerné

b) Construire l'ontologie et pour cela définir les concepts, les relations clés et produire des définitions textuelles précises et non ambigües de ces concepts

c) Evaluer le résultat

d) Documenter le modèle en éditant des recommandations précises pour chaque étape.

6.1. Methontology

Proposée par Fernandez et son équipe à l'université de Madrid (**Fernandez, 1997**), cette méthodologie est largement utilisée dans le domaine. Pour la construction de l'ontologie, ils procèdent en dix étapes:

a) Construire le glossaire des termes qui seront inclus dans l'ontologie, préciser leur définition en langage naturel, identifier leurs synonymes et leurs acronymes

b) Construire des taxinomies de concepts

c) Construire des diagrammes de relations binaires

d) Construire le dictionnaire de concepts qui inclut, pour chaque concept, ses attributs d'instance, ses attributs de classe et ses relations

e) Décrire en détail chaque relation binaire

f) Décrire en détail chaque attribut d'instance

g) Décrire en détail chaque attribut de classe

h) Décrire en détail chaque constante (les constantes donnent des informations sur le domaine de connaissances)

i) Décrire les axiomes formels

j) Décrire les règles utilisées pour contraindre le contrôle et pour inférer des valeurs aux attributs.

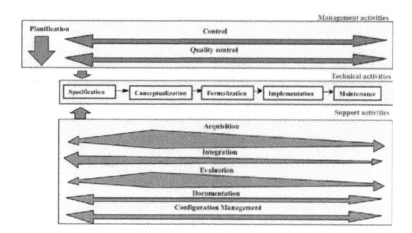

Figure 3: Processus de développement d'ontologie de Méthontology **(Corcho & al, 2005)**

6.2. Méthodologie de Guarino et Welty

C'est une méthode qui n'est pas un guide de construction d'ontologies, mais plutôt une étape permettant la vérification et la correction d'une structure ontologique construite un peu anarchiquement, entre autres les règles de subsomptions. Elle est à incorporer dans le cycle de vie d'une ontologie (**Welty & Guarino, 2001**).

6.3. Méthode ARCHONTE

ARCHONTE (ARCHitecture for **ONT**ological **E**laborating), est proposée par Bruno Bachimont (**Bachimont, 2000**), cette méthode comporte trois étapes :

a) Choisir les termes pertinents du domaine et normaliser leur sens en précisant les relations de similarités et de différences que chaque concept entretient avec ses concepts frères et son concept père

b) Formaliser les connaissances, c'est-à-dire ajouter éventuellement des propriétés à des concepts, des axiomes . . .

c) Opérationnaliser dans un langage de représentation des connaissances

7. Formalismes de représentation des ontologies

La formalisation en elle-même n'est pas une étape incontournable de la méthodologie de construction. Une utilisation simple d'une ontologie en recherche d'information par exemple ne nécessite pas forcément une formalisation. Cependant certaines taches complexes ont besoin de cette étape, qui assure entre autre, l'intégrité, la consistance et la complétude du contenu ontologique surtout si celui-ci se trouve volumineux, elle permet par la suite l'opérationnalisation et l'intégration de l'ontologie dans les différentes applications visées.

Pour pouvoir raisonner sur une ontologie, il faut formaliser la connaissance. Formaliser les connaissances d'un domaine, consiste à les coder en un langage formel de description de connaissances, pour qu'elles puissent être traitées par une machine. Formaliser une ontologie c'est permettre de vérifier sa hiérarchie, sa consistance et pouvoir l'intégrer facilement dans d'autres systèmes et raisonner dessus. Il existe plusieurs formalismes de représentations des connaissances, mais les plus utilisés dans les ontologies sont principalement :

- Les graphes conceptuels
- Les logiques de description

7.1. Graphes conceptuels

Les graphes conceptuels sont introduits par (**Sowa, 1984**) et appartiennent à la famille des réseaux sémantiques. Le modèle des graphes conceptuels comprend deux parties :

a) Une partie terminologique pour les concepts, les relations et les instances. Le niveau terminologique comprend donc, trois ensembles disjoints : L'ensemble des types de concepts (Tc), l'ensemble des types de relations (Tr) et l'ensemble des marqueurs individuels (M)

b) Une partie assertionnelle pour la représentation des assertions du domaine de connaissances.

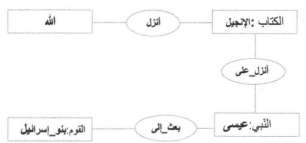

Figure 4: Un exemple de graphe conceptuel

Dans l'exemple précédent nous avons :

Tc= { الله، النّبي،الكتاب،القوم }

Tr={ أنزل_على، أنزل،بعث_إلى }

M= { الإنجيل،عيسى،بنو_إسرائيل }

7.2. Les logiques de description

Les logiques de description sont des langages formels permettant de représenter des propriétés pour des ensembles d'objets. Elles se basent sur la logique du premier ordre. Elles ont pour vocation d'après leurs auteurs (**Nardi & Brachman, 2003**), d'enrichir les représentations sous forme de réseaux sémantiques ou frames, notamment au niveau des relations. Les logiques de descriptions étant le formalisme que nous avons choisi pour représenter la connaissance dans ce travail, nous y reviendrons dans la section dédiée à la formalisation de l'ontologie.

8. Langages de représentation des ontologies

L'un des principaux avantages d'une ontologie est la portabilité. Pour pouvoir exploiter une ontologie et la partager par un grand nombre d'utilisateur, il faut l'exprimer dans un langage permettant son utilisation sur différentes applications et plateformes. Ce langage doit répondre aux exigences des utilisateurs potentiels de cette ontologie. Il existe un grand nombre de langages développés à cet effet. Tous sont basés sur la syntaxe XML, bien que XML lui-même ne soit pas un langage pour représenter les connaissances ontologiques. Nous allons citer dans cette section les plus utilisés et donc les plus enclins à respecter une certaine standardisation.

8.1. RDF & RDFs

Les initiales RDF correspondent à « Resource Description Framework », ou cadre de description de ressources en français, le « s » de schémas est une extension de RDF. Une ressource est simplement une *chose* : Une personne, un livre, un clavier, un article de publication, un bureau, une idée, toute *chose* qui peut être décrite. RDF est un cadre d'applications utilisant l'architecture du Web pour décrire une ressource. Tel HTML qui permet de relier des documents à d'autres documents sur le Web, RDF permet de relier une ressource à d'autres ressources sur le Web.

Comme tous ses prédécesseurs, ce langage se base sur la syntaxe d'XML. Doté d'un schéma de représentation riche, incluant des classes, sous-classes, propriétés, sous-propriétés et des règles d'héritage de propriétés.

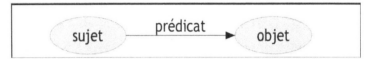

Figure 5: Le triplet RDF

Dans un graphe, chaque triplet représente l'existence d'une relation entre les choses symbolisées par les nœuds qui sont joints. La structure objet-classe des RDFS permet de définir des objets du domaine et leurs relations pour rendre compte d'une ontologie (**Baneyx, 2007**).

8.2. OIL

OIL[11] (Ontology Inference Layer) est un langage de représentation d'ontologie qui dérive de RDF. Les principaux fondements du langage OIL sont les langages de frame (tels que OKBC, XOL ou RDF) et les logiques de descriptions. OIL a été défini dans l'objectif de permettre la spécification et l'échange d'ontologies.

8.3. DAML et DAML+OIL

---

[11] http://www.ontoknowledge.org/oil/

DAML+OIL[12] (DARPA[13] *Agent Markup Language*) est un langage permettant la représentation d'ontologies.

DAML est une combinaison de XML et de RDF permettant de spécifier des objets mais également les relations entre ces objets. La dernière version de DAML se combine avec OIL (DAML+OIL). Ce nouveau langage supporte désormais les types de données primitifs (tels qu'on les trouve dans la norme XML Schéma) et la définition d'un certain nombre d'axiomes comme l'équivalence de classes ou de propriétés (**Baneyx, 2007**).

8.4. OWL

Nous avons vu que RDF et RDFS permettent de définir, sous forme de graphes de triplets, des données ou des métadonnées. Cependant, de nombreuses limitations bornent la capacité d'expression des connaissances établies à l'aide de RDF/RDFS. On peut citer, par exemple, l'impossibilité de raisonner et de mener des raisonnements automatisés sur les modèles de connaissances établis à l'aide de RDF/RDFS. C'est ce manque que se propose de combler OWL.

OWL[14] (*OntologyWeb Language*) a été créé en 2001 par le W3C, hérite du langage DAML+OIL et doit permettre de représenter des ontologies sur le Web. OWL fournit en fait trois sous-langages, d'expressivité croissante, nommés OWL Lite, OWL DL et OWL Full.

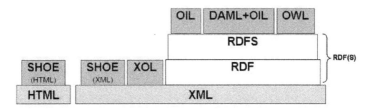

Figure 6: Les langages d'exploitation des ontologies (Gomez-Pérez, 2004)

OWL est devenu un standard du Consortium W3C qui a publié en 2004 une recommandation définissant le langage OWL fondé sur le standard RDF et en

---

[12] http://www.daml.org/2001/03/daml+oil-index
[13] DARPA: Defense Advanced Research Projects Agency
[14] http://owl.cs.manchester.ac.uk/

spécifiant une syntaxe XML. Plus expressif que RDFS, il tend à détrôner les autres langages et à s'imposer de plus en plus en maitre absolu.

9. Editeurs d'ontologies

Éditer une ontologie avec un outil adéquat permet son affichage sous forme arborescente, en outre l'intégration de plugins appropriés, permet la visualisation des différents concepts avec toutes les relations qui les relient, cela donne une vue plus globale de la disposition des concepts les uns par rapport aux autres. Certains éditeurs vont plus loin en permettant d'importer ou d'exporter une ontologie d'un format vers un autre, ce qui facilite largement sa portabilité et la génération automatique de fichiers OWL/XML ou RDF **(Patil, 2005).**

Nous donnons dans ce qui suit un survol sur les éditeurs les plus importants, certains d'entre eux représentent de véritables plateformes avec de multiples plugins permettant de soumettre des requêtes de vérifier la consistance et de fusionner des ontologies existantes dans différents formats.

9.1. PROTEGE

PROTEGE[15] est un éditeur d'ontologies, distribué en open source par l'institut d'informatique médicale de Stanford. C'est un éditeur hautement extensible, capable de manipuler des formats très divers. Il existe deux moyens pour modéliser une ontologie avec PROTEGE, PROTEGE-Frame et PROTEGE-OWL. Une ontologie en PROTEGE peut être exportée dans différent formats incluant RDF(s), OWL, XML schémas.

PROTEGE est une plateforme Java, il est flexible et supporte plusieurs langues dont l'Anglais, le Français, l'Arabe, le Chinois le Russe etc. Une large communauté de développeurs académiques, de gouvernements et d'entreprises utilise PROTEGE dans divers domaines. L'interface permet de créer, supprimer, modifier et mettre à jour les concepts, les propriétés, les instances et les relations.

---

[15] http://protege.stanford.edu

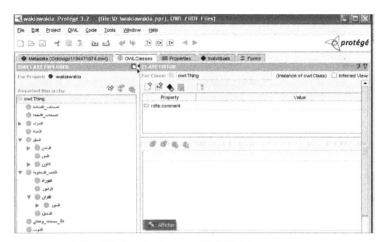

Figure 7: La hiérarchie Ontologique sous PROTEGE

En plus de la visualisation de la hiérarchie ontologique, PROTEGE permet une visualisation graphique à l'aide de plugins comme OntoGraph ou OWL-Viz[16], il dispose de raisonneurs comme Racer[17], Fact++, Hermitt, Pellet. OntoGraph, Fact++, Hermitt, Pellet sont fournis avec PROTEGE.

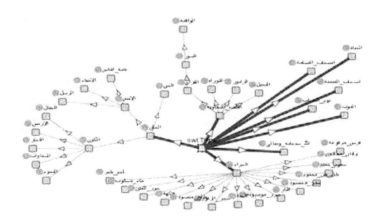

Figure 8: Visualisation d'ontologie en arabe avec PROTEGE **(Zitouni, 2010)**

---

[16] http://www.co-ode.org/downloads/owlviz/
[17] http://www.racer-systems.com/

9.2. JENA

JENA[18] est un environnement de travail open source en Java, pour la construction d'application web sémantique. JENA permet de manipuler des documents RDF, RDFS, OWL et SPARQL. Il fournit un moteur d'inférences permettant des raisonnements sur les ontologies. JENA est maintenant sous Apache Software Licence.

9.3. OilEd

OilEd[19] est un éditeur qui a été développé par l'université de Manchester pour éditer des ontologies dans les langages de représentation OIL[20]. Les versions disponibles de OilEd ne constituent pas un environnement complet pour le développement d'ontologies d'envergure.

9.4. OntoEdit

OntoEdit[21] est un outil mis au point par l'institut AIFB de l'université de Karlsruhe et qui est maintenant commercialisé par la société Ontoprise GmbH[22]. Il s'inspire de l'approche par frames. OntoEdit est un des seuls éditeurs, avec DOE (voir *section 9.6*), à s'attaquer au problème de la synonymie.

9.5. WebOde

WebOde[23] est une plateforme en ligne développée par le groupe Ontological Engineering du département d'intelligence artificielle de la faculté d'informatique de l'université polytechnique de Madrid. C'est un éditeur qui assurait le support de Methontology (voir *section 6.2*).

9.6. DoE

DoE[24] (Differential Ontologies Editor) a été développé à l'Institut National de l'Audiovisuel par R. Troncy et A. Isaac en 2002 (**Isaac, 2005**). L'éditeur DOE offre des interfaces de création, modification et suppression de concepts et de relations, une représentation graphique de l'arbre ontologique, et des fonctionnalités de recherche et de navigation dans la structure créée. L'ontologie

---

[18] http://incubator.apache.org/jena
[19] http://oiled.semanticweb.org/
[20] http://www.w3.org/TR/daml+oil-reference
[21] http://ontoserver.aifb.uni-karlsruhe.de/ontoedit
[22] http://www.ontoprise.de/
[23] http://mayor2.dia.fi.upm.es/oeg-upm/index.php/en/downloads/60-webode
[24] http://www.eurecom.fr/~troncy/DOE/

est documentée par des définitions encyclopédiques avec des synonymes et les principes différentiels en plusieurs langues (**Baneyx, 2007**).

9.7. ONTOLINGA

ONTOLINGA[25] fournit un environnement collaboratif distribué pour chercher, créer, éditer, modifier, et utiliser des ontologies en ligne. Le serveur peut supporter jusqu'à 150 utilisateurs actifs. Certains fournissent une description de leurs projets. L'environnement assiste l'utilisateur dans les taches de développement et le maintien et leur permet de partager leur ontologie avec d'autres utilisateurs.

9.8. KAON

KAON[26] (KArlsruhe ONtology) est une infrastructure d'ontologie, développée en 2002, par l'université de Karlsruhe et le centre de recherche d'information et de technologie à Karlsruhe. KAON, TextToOnto[27] et Text2Onto[28] sont open source et codés en Java. KAON2[29] n'est pas open source mais l'exécutable peut être téléchargé.

10. Conclusion

Nous avons abordé dans ce chapitre un tour d'horizon sur les différentes technologies utilisées dans le développement d'ontologies. Nous n'avons présenté qu'une liste succincte mais nous avons tenu à ce qu'elle soit la plus représentative possible des outils existant pour chaque phase de la création d'ontologie. Nous avons mis l'accent autant que cela était possible sur les outils libres et open source, qui peuvent servir beaucoup plus, dans le domaine de la recherche.

Nous n'avons pas développé les sections concernant les outils ou techniques que nous avons adoptées dans ce travail et que nous allons abordées dans les prochains chapitres puisqu'elles y seront exposées plus en détail comme la logique de description par exemple.

---

[25] http://www.ksl.stanford.edu/software/ontolingua/
[26] http://kaon.semanticweb.org/
[27] http://sourceforge.net/projects/texttoonto/
[28] http://code.google.com/p/text2onto/downloads/
[29] http://kaon2.semanticweb.org/#download

Chapitre 3 : État de l'art

Extraction des termes et des relations à partir de textes

1. Introduction

De nombreuses méthodes d'analyses linguistique ou statistique existent, issues des recherches de linguistes et d'informaticiens. Parmi ces méthodes, certaines sont susceptibles d'être appliquées à des textes, les processus utilisés alors, sont dans la majorité des cas itératifs, permettant un enrichissement de la connaissance. Ces approches peuvent être utilisées dans différentes applications. Ce qui nous intéresse dans ce chapitre c'est l'extraction des termes et des relations dont l'objectif est la construction d'ontologies à partir de textes. Nous allons présenter dans ce chapitre les différentes approches et outils utilisés dans l'extraction des termes et des relations.

2. La construction d'ontologies à partir de textes

2.1. Définitions

Avant d'aborder les étapes de création d'ontologies, donnons quelques définitions pour mieux comprendre les termes utilisés dans les différentes étapes.

2.1.1. Mot

Nous entendons par mot toute séquence de caractères délimitée par deux séparateurs (blanc ou autre marqueur de séparation, tel que la ponctuation) ou unité minimale de signification appartenant au lexique appelé lexème. Si une séquence de caractères de ce type se répète 2, 3, n fois, elle correspond à 2, 3 ou n mots, mais constitue un seul et même item (**Azé & Heitz, 2004**).

Exemple : La suite de caractère « كتاب » est un mot, il peut avoir plusieurs sens (livre, missive, etc).

2.1.2. Terme

Un terme est une expression possédant un sens unique pour un domaine particulier (**Azé & Heitz, 2004**). Dans le Coran considéré comme Corpus d'un domaine donné, le mot « كتاب » devient un terme par rapport au domaine, il a une signification unique, c'est une des écritures saintes révélées par l'Archange Gabriel aux différents prophètes (PSSE).

2.1.3. Concept

Un concept est « *l'idée générale et abstraite que se fait l'esprit humain d'un objet de pensée concret ou abstrait, et qui lui permet de rattacher à ce même objet les diverses perceptions qu'il en a, et d'en organiser les connaissances* » Larousse[30].

« *Faculté, manière de se représenter une chose concrète ou abstraite; résultat de ce travail; représentation* » CNRTL[31].

Ainsi si « كتاب » est un terme dans le domaine cité plus haut, le concept est l'idée, la perception que l'on se fait de ce terme.

2.1.4. Terminologie

Une terminologie représente l'ensemble des termes particuliers à une science, un domaine ou un art (**Larousse, 1988**), à un groupe de personnes ou à un individu (**Office de la langue française, 2001**). La terminologie, considérée comme science, s'intéresse donc, au recensement des concepts d'un domaine et des termes qui le désignent pour faciliter l'échange de connaissances dans une langue et d'une langue à l'autre (**Baneyx, 2007**).

2.1.5. Ontologie

Une ontologie comprend une certaine vue du monde par rapport à un domaine donné. Cette vue est souvent conçue comme un ensemble de concepts (entités, attributs, processus), leurs définitions et leurs interrelations. On appelle cela une conceptualisation (**Baneyx, 2007**). Une définition plus détaillée de l'ontologie a été donnée au chapitre2.

2.2. Les étapes de construction d'une ontologie à partir de textes

La création d'une ontologie à partir de textes, nécessite une suite logicielle outillant une méthodologie globale de construction (**Zaidi & al, 2010b**).

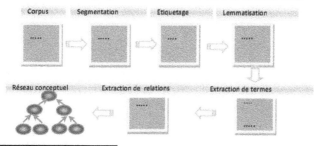

---

[30] http://www.larousse.fr/dictionnaires/français
[31] Centre National de Ressources Textuelles et lexicales(http://www.cnrtl.fr)

Figure 9: Etapes pour la construction d'ontologies à partir de textes

La figure 9 donne une idée sur les différentes étapes nécessaires pour la construction automatique d'ontologie du domaine. Nous explicitons dans cette section chaque étape.

2.2.1. Le corpus

Un corpus est un ensemble de textes homogènes, présentés sous un format brut ou semi-structuré (**Azé & Heitz, 2004**). Le corpus doit être soigneusement choisi en fonction du domaine et de l'application visée. La taille des corpus et la masse d'informations contenues impliquent l'utilisation d'outils de terminologie textuelle spécifiques pour préparer les textes bruts à être utilisés par une quelconque application dont l'objectif serait par exemple de construire des ressources linguistiques telles que des ontologies ou des terminologies.

Le prétraitement de corpus est l'étape préliminaire pour identifier les données lexicales à partir des textes (**Harrathi, 2009**). Les prétraitements des données textuelles consistent à normaliser les diverses manières d'écrire un même mot, à corriger les fautes d'orthographe évidentes ou les incohérences typographiques et à expliciter certaines informations lexicales exprimées implicitement dans les textes. Les traitements consistent, par exemple, à remplacer (ة, أ,ي) qui sont écrites habituellement (ه, ا, ى), ou à extraire la structure superficielle des textes à partir d'indices comme une ligne vide pour délimiter les paragraphes (**Heitz, 2006**).

2.2.2. La segmentation

La segmentation est une étape quasiment obligatoire avant l'extraction d'information. Elle permet de découper le texte en unités linguistiques suffisamment élémentaires pour qu'elles soient traitées (**Dubois, 1994**). C'est une étape qui permet de découper un texte d'abord en section puis en phrase et enfin en mot.

Exemple : خَتَمَ/ اللَّهُ/ عَلَى/ قُلُوبِهِم

2.2.3. Étiqueteur : permet l'identification de la catégorie grammaticale (nom, verbe, adjectif, particule…) de chaque mot. Un texte étiqueté ressemblera grossièrement à ceci :

خَتَم/	اللَّ/	عَلَى/	قَلوبِهم
verbe	/nom	préposition	/nom

Tableau 6: Etiquetage d'une phrase

2.2.4. Lemmatiseur

C'est un programme de traitement automatique du langage qui permet de passer d'un mot portant des marques de flexion (pluriel, forme conjuguée d'un verbe...) à sa forme de référence (lemme ou forme canonique).

Exemple :

قلب ◀──────── قلوبِهم

2.2.5. Concordancier

C'est un programme qui, pour un mot donné, recherche dans un texte toutes ses concordances, c'est-à-dire les phrases ou les groupes de mots dans lesquels il apparaît. Le concordancier n'apparait pas dans la figure 9, mais il est très utilisé dans la recherche d'information.

2.2.6. Extracteur de termes

L'extracteur terminologique analyse le contenu d'un document et recherche la terminologie disponible dans un corpus choisi.

2.2.7. Extracteur de relations sémantiques

Il s'agit de repérer des relations entre des termes préalablement extraits, telle la synonymie, l'hyponymie ou encore la méronymie.

Exemple : Une phrase telle que:

«ثم قست قلوبكم من بعد ذلك فهي كالحجارة »(البقرة 74)

(*Puis, et en dépit de tout cela, vos cœurs se sont endurcis; ils sont devenus comme des pierres*)[32] (**Chapitre2 : La vache 74**)

Génère une relation de similitude entre les *cœurs durs* et les *pierres*.

---

[32] http://www.mosquee-lyon.org/?cat=Coran

3. Approches et outils pour l'extraction de termes

L'extraction de Terminologie consiste à identifier des termes potentiels dans un texte spécifique ou un ensemble de textes (corpus) ainsi que les informations pertinentes liées à l'emploi de ces termes ou aux concepts auxquels ils renvoient (définition, contexte, etc.).

 L'extraction de termes représente une étape importante dans la construction d'une ressource ontologique à partir de corpus. Les termes sont des mots ou des expressions ayant un sens précis dans un contexte donné et représentent les supports linguistiques des concepts.

Le problème de la constitution de ressources est au cœur de l'activité terminologique. Si la notion de "terme", qui fait appel à celle de concept et se fonde souvent sur un acte de référence particulier, semble peu se prêter à un traitement informatique, un certain nombre d'outils visant à extraire les termes d'un corpus ont vu le jour (**Piwowarski, 2003**).

La définition du terme donnée ci-dessus exerce des contraintes fortes sur la forme et le fonctionnement des unités terminologiques. Ces contraintes constituent les principes opérationnels des logiciels d'extraction de terminologie qui ont été développés ces dix dernières années. L'objectif de ces logiciels est de fournir automatiquement un lexique plus ou moins structuré du domaine. Les méthodes utilisées se distinguent par les caractéristiques du terme qu'elles choisissent d'exploiter. Généralement, on sépare les outils d'extraction de terminologie exploitant les caractéristiques linguistiques du terme et ceux basés sur une étude statistique du corpus, exploitant principalement le phénomène d'occurrence (**Bourigault & Jacquemin, 2000**).

On distingue deux grandes familles pour l'extraction automatique de termes: Les méthodes linguistiques et les méthodes statistiques. Ces deux types de méthodes ne s'excluent pas mutuellement et peuvent être combinés pour obtenir de meilleurs résultats, ce sont les méthodes mixtes ou hybrides.

3.1. Les approches linguistiques

Ces méthodes font généralement appel à des connaissances linguistiques *à priori* qui peuvent être syntaxiques, lexicales ou morphologiques.

Les méthodes linguistiques considèrent que la construction des unités terminologiques obéit à des règles de syntaxe plus ou moins stables, ce sont principalement des syntagmes formés de noms et d'adjectifs. Se basant sur ces connaissances, ces systèmes procèdent à l'extraction de candidats termes à l'aide de schémas syntaxiques (**Malaisé, 2005**).

On peut aussi utiliser des grammaires et un lexique acquis en cours d'analyse ou par le biais d'une collaboration avec des spécialistes pour générer l'ensemble des termes potentiels d'un domaine (**Drouin, 2002**).

Ces outils nécessitent donc un prétraitement du corpus par un analyseur syntaxique. La qualité des résultats dépend étroitement de la qualité de ces analyseurs. Ils ont l'inconvénient de dépendre directement de la langue des textes traités et nécessitent des ressources linguistiques (dictionnaires, liste de stop-word etc.). De plus ils ne sont efficaces que sur de petits corpus.

Les premiers travaux dans ce sens, sont ceux de David et Plante. Le premier outil spécifiquement dédié à la construction de bases terminologiques est *Termino* (**David & Plante, 1990**). Il a été élaboré dans le cadre d'une collaboration entre l'Office de la langue française du Québec et une équipe du Centre d'ATO de l'Université du Québec à Montréal. La première version de ce logiciel, qui se nommait donc *Termino*, a depuis été remplacée par un nouveau système nommé *Nomino* (**Perron 1996**).

La majorité des outils, pour ne pas dire la totalité, pour le traitement de l'Arabe n'ont pas été construits à l'origine pour accomplir cette tache (**Zaidi & Laskri, 2009**). Une grande partie de ces outils, a été développée pour le traitement de l'Anglais, du Français ou autre langue. Après des années de raffinement et d'amélioration l'idée ou le besoin s'est ressenti de l'adapter au traitement de la langue Arabe (**Zaidi & al., 2010d**).

La littérature regorge d'ouvrages présentant ou recensant les outils dédiés à l'extraction de termes. Les outils que nous allons cités dans les sections suivantes sont ceux qui supportent ou peuvent être modifiés pour supporter la langue arabe. L'objectif fondamental dans ce travail étant la construction d'ontologies en langue arabe. Nous invitons aimablement le lecteur désireux de s'étaler sur les outils pour d'autres langues à consulter les ouvrages suivants : **(Assadi H.& Bourigault D., 1996), (Beguin & al, 1997), (Biebow & Szulman, 2000), (Condamines & Rebeyrolle1997), (Daille, 1994), (Daoust, 1992), (Garcia, 1998), (Hearst, (1992), (Le Priol, 1998), (Morin, 1999), (Smadja, 1993), (Gandon, 2002) (Voutilainen, 1993).**

3.1.1. GATE

GATE[33] (General Architecture for Text Engineering) est une boîte à outils logicielle écrite en Java à l'université de Sheffield, à partir de 1995. Il est très largement utilisé à travers le monde, par de nombreuses communautés (scientifiques, entreprises, enseignants, étudiants) pour le traitement du langage naturel dans différentes langues. La communauté de développeurs et de chercheurs autour de GATE est impliquée dans plusieurs projets de recherche européens comme TAO (Transitioning Applications to Ontologies) et SEKT (Semantically Enabled Knowledge Technology).

GATE offre une architecture, une interface de programmation d'applications(API) et un environnement de programmation graphique. Il comporte un système d'extraction d'information, ANNIE (A Nearly-New Information Extraction System, pour système quasi nouveau pour l'extraction d'information), lui-même formé de modules parmi lesquels un analyseur lexical, un gazetteer (lexique géographique), un segmenteur de phrases (avec désambiguïsation), un étiqueteur, un module d'extraction d'entités nommées et un module de détection de coréférences. Il existe de nombreux plugins d'apprentissage automatique (Weka, RASP, MAXENT, SVM light), d'autres pour la construction d'ontologies (WordNet), pour l'interrogation de moteurs de recherche comme Google et Yahoo et pour l'étiquetage (Brill, TreeTagger), etc.

GATE accepte en entrée divers formats de texte comme le texte brut, HTML, XML, Microsoft Word (Doc), PDF, ainsi que divers formats de bases de données comme Java Serial, PostgreSQL, Lucene, Oracle, grâce à RDBMS et JDBC.

---

[33] http://gate.ca.uk

GATE utilise également le langage JAPE (Java Annotation Patterns Engine) pour bâtir des règles d'annotation de documents. On trouve aussi un debugger et des outils de comparaison de corpus et d'annotations (**Cunningham & al, 2002**).

Figure 10: Extraction d'entités nommées arabes avec Gate (**Amari, 2009**)

GATE a été construit à l'origine pour l'extraction d'entités nommées (**Zaidi & al, 2010c**), mais par la suite des améliorations ont permis de l'adapter pour de multiples fonctions dans plusieurs langues, nous présentons notre contribution dans le chapitre système proposé concernant l'extraction de termes et de relations à partir de textes arabes (**Zaidi & al, 2010e**).

3.1.2. NOOJ

NOOJ[34] est un système de traitement de corpus, reprenant et améliorant les fonctionnalités d'INTEX (**Koeva & al, 2007**), conçu pour l'enseignement des langues et de la linguistique. Le système intègre des outils TAL (analyse morphologique de mots simples et complexes, élaboration de transducteurs d'états finis, grammaires locales) qui permettent un prétraitement du corpus par l'enseignant, et des procédures de recherche et d'entraînement pour l'étudiant.

La nouvelle mouture du logiciel INTEX (appelée "NOOJ") a été réécrite à partir de zéro, en particulier pour répondre aux besoins des utilisations pédagogiques.

---

[34] http://www.nooj4nlp.net

Le système NOOJ présente des fonctionnalités de TAL qui paraissent prometteuses pour l'enseignement des langues et de la linguistique. Son principal avantage est sa simplicité d'utilisation : il permet à la fois à l'enseignant non spécialiste de TAL de constituer des ressources linguistiques (à l'aide d'interfaces simples) et de les paramétrer afin de constituer des projets pédagogiques destinés aux apprenants (**Silberztein & Tutin, 2004**).

Après construction d'un dictionnaire et d'une grammaire nous pouvons extraire de l'information à partir de textes arabes. La figure3 ci-dessous, donne un exemple d'extraction d'entités nommées Enamex.

```
NooJ - [noms-propres.dic [Modified]]
File   Edit   Lab   Project   Windows   Info      DICTIONARY
Dictionary contains 4 entries


Entry            S-Lemma            Category   SynSem
محمد             محمد                  N         noms-propres
حسن محمود حسن     محمود حسن             N         noms-propres
شاكر محمود شاكر   محمود شاكر            N         noms-propres
```

Figure 11: Extraction d'entités nommées arabes avec Nooj **(Lebhour, 2009)**

Il est aussi possible d'utiliser un concordancier sous NOOJ, ceci nous permettra avec l'aide d'une liste de termes simples, de chercher des termes composés, les sauvegarder dans une base de données par exemple et soumettre des requêtes sur des suites de mots respectant un certain marqueur.

3.1.3. UNITEX

Unitex[35] est un ensemble de logiciels permettant de traiter des textes en langue naturelle, en utilisant des ressources linguistiques. Ces ressources se présentent sous la forme de dictionnaires électroniques, de grammaires et de tables de lexique-grammaire.

UNITEX manipule des textes Unicode. Le prétraitement du texte consiste à lui appliquer les opérations suivantes : normalisation des séparateurs, découpage en unités lexicales, normalisation de formes non ambiguës, découpage en phrases et application des dictionnaires (**Paumier, 2009**).

---

[35] http://www-igm.univ-mlv.fr/~unitex

Figure 12: Extraction d'information arabe avec UNITEX **(Benmazou, 2009)**

En plus de l'extraction d'information, UNITEX dispose d'un concordancier permettant la localisation d'une entité dans le texte d'origine, en affichant ses contextes droit et gauche. L'outil peut etre facilement adapté à l'extraction de termes arabes de la même façon que l'outil NOOJ.

3.2. Les approches statistiques

L'approche statistique offre des avantages indéniables, puisqu'elle permet de s'attaquer à des ensembles de données d'une taille imposante qu'il serait tout à fait impensable de traiter manuellement **(Drouin, 2002)**.

Les premiers travaux dans ce domaine, utilisant des données statistiques, datent des années 80, ils furent menés par Ludovic Lebart et André Salem sur les segments répétés **(Lebart &Salem, 1988)**.

L'objectif des auteurs est de représenter un texte, qui est habituellement vu comme un enchaînement de formes simples, comme une succession de formes simples et de segments répétés (SR). Ces derniers sont définis comme des « *suites de formes graphiques non séparées par un caractère délimiteur de séquence, qui apparaissent plus d'une fois dans ce corpus de textes* » **(Drouin, 2002)**.

Ces travaux exploitent des mesures de similarité. Il existe plusieurs méthodes statistiques appliquées à l'extraction de termes, la plupart sont fondées sur l'information mutuelle ou le coefficient de Dice **(Velardi, 2001)**. Le principe est que l'association récurrente de deux mots ne peut être due qu'au fruit du hasard. Par conséquent, elle est forcément significative **(L'Homme, 2001)**.

3.2.1. Principales mesures de similarité pour l'extraction des termes

3.2.1.1. Le tf-idf

Tf-idf (*Term Frequency-Inverse Document Frequency*) est une méthode de pondération souvent utilisée en recherche d'information. C'est une mesure statistique qui permet d'évaluer l'importance d'un terme contenu dans un document, relativement à un corpus. Le poids augmente avec le nombre d'occurrences du mot dans le document et varie aussi en fonction de la fréquence du mot dans le corpus. Il existe plusieurs variantes de la formule originale. Elles sont aussi utilisées dans d'autres domaines comme l'extraction des termes.

a) La fréquentielle (tf)

La représentation dite fréquentielle, notée *tf*, est une extension de la représentation binaire qui ne considère que la présence ou l'absence du mot dans le document.

Tf est plutôt basée sur le nombre d'occurrences d'un terme *i* dans un document *j* .

b) Le idf

La fréquence inverse de document est une mesure de l'importance du terme dans l'ensemble du corpus. Dans le schéma *tf-idf*, elle vise à donner un poids plus important aux termes les moins fréquents, considérés comme plus discriminants. Cette pondération issue du domaine de la Recherche d'Informations tire son inspiration de la loi de *Zipf* (**Zipf, 1949**), introduisant le fait que les termes les plus informatifs d'un corpus ne sont pas ceux apparaissant le plus dans ce corpus. Ces mots sont la plupart du temps des mots outils. Par ailleurs, les mots les moins fréquents du corpus ne sont également pas les plus porteurs d'informations. Ces derniers peuvent en effet être des fautes d'orthographe ou encore des termes trop spécifiques à quelques documents du corpus étudié.

Le *tf-idf* peut se décrire formellement comme suit : pour un terme *i* dans un document *j* parmi les *N* documents du corpus (**Bechet, 2009**).

$$w_{ij} = tf_{ij} \times idf_i$$

Avec

$$idf_i = log\frac{N}{n_i}$$

Où :

n_i est le nombre de documents dans lesquels apparaît le terme i.

N le nombre total de documents.

3.2.1.2. La fréquence d'un couple

La fréquence d'une séquence s est le nombre d'apparition de s. Cette séquence peut être un lexème[36], un lemme, un mot, un terme, etc. Cette mesure est utilisée dans tous les modèles statistiques, ce qui explique le soin apporté pendant les calculs de cette mesure. Ces modèles utilisent souvent quatre fréquences (**Daille, 1994**) :

1) La fréquence d'un couple de séquences (S_i, S_j) dans un document et/ou dans un corpus,

2) La fréquence des couples de séquences (S_i, S_j), où la séquence S_i apparait comme premier élément d'un couple,

3) La fréquence des couples de séquences (S_i, S_j), où la séquence S_j donné apparait comme deuxième élément d'un couple

La fréquence totale des couples (pour chaque couple (S_i,S_j)) dans un document et/ou dans un corpus.

3.2.1.3. Critères d'association

Les données définies à partir des fréquences citées précédemment, sont représentées sous forme d'un tableau croisé, dit tableau de contingence. Dans ce tableau on associe à chaque couple de lemmes , les valeurs a, b, c et d qui décrivent les fréquences du couple.

---

[36] Le lexème étant une entrée lexicale, issue de l'analyse lexicale qui décompose le texte en unités lexicales , selon des grammaires. Ces unités sont généralement des chaînes alphabétiques.

	l_j	$l_{j'}$ avec $j' \neq j$
l_i	A	b
$l_{i'}$ avec $i \neq i'$	C	d

Tableau 7: Tableau de contingence du couple de lemmes (l_i, l_j)

- o a est la fréquence du couple (l_i, l_j), l_i est le premier élément et l_j le second
- o b est la fréquence des couples où l_i est le premier élément d'un couple et l_j n'est pas le deuxième
- o c est la fréquence des couples où l_j est le deuxième élément du couple et l_i n'est pas le premier,
- o d est la fréquence de couples où ni l_i ni l_j n'apparaissent,
- o La somme a+b+c+d, notée N est le nombre total d'occurrences de tous les couples trouvés.

La majorité des mesures statistiques exploitent les données du tableau de contingence afin de déterminer le degré de liaison de deux lemmes donnés. Nous abordons dans ce qui suit les mesures statistiques les plus utilisées dans le domaine de l'extraction de terminologie. Dans ces meures, les fréquences a, b, c et d sont données dans le Tableau 7.

- • **Coefficient de Proximité simple** (SMC : Simple Matching Coefficient)

Ce score varie de 0 à 1

$$SMC = \frac{a+b}{d}$$

Équation 1: L'équation du coefficient de proximité simple

- • **L'information mutuelle**

Church et Hanks (**Church &Hanks,1989**), furent les premiers à présenter une mesure théorique : l'information mutuelle, qui rend possible l'évaluation du ratio d'association entre deux formes contenues dans un corpus. Elle est donnée ainsi :

47

$$IM = \log_2 \left(\frac{a}{(a+b)(a+c)} \right)$$

Équation 2: L'information mutuelle en utilisant le tableau de contingence

Si les deux formes précédentes sont désignées par, x et y et qu'elles ont des probabilités d'occurrence P(x) et P(y), alors leur information mutuelle (IM) peut aussi être exprimée de la façon suivante :

$$IM\,(x,y) = \log_2 \frac{P(x,y)}{P(x)P(y)}$$

Équation 3: Information mutuelle entre x et y donné par Church

L'information mutuelle tente de comparer la probabilité d'observer x et y ensemble par rapport à leur probabilité d'occurrence indépendante. La probabilité d'occurrence d'un mot x est calculée à partir de sa fréquence totale dans un corpus donné f(x) divisée par le nombre total de mots dans le corpus. Pour sa part, la probabilité conjointe de x et de y, P(x, y), est calculée à partir du nombre de fois où les mots x et y apparaissent ensemble (**Drouin, 2002**).

- **Coefficient de vraisemblance : Loglike**

Cette mesure représente le rapport de vraisemblance appliqué à une loi binomiale. Ce score s'exprime de la manière suivante :

LogLike= a log a + b log b +c log c + d log d - (a+b) log (a+b) - (a+c) log(a+c)

- (b+d) log (b+d)- (c+d) log (c+d) + N log N

Équation 4: Le coefficient de vraisemblance (**Harrathi, 2009**)

3.2.2. EXIT

EXIT[37] (EXtraction Itérative de Terminologies), bien que fondé sur une méthode statistique, est un logiciel destiné à être utilisé, après un étiquetage grammatical des mots. Tout texte étiqueté est analysable par ce programme à condition de modifier les expressions régulières dans le panneau *Expressions* de son interface. (**Heitz, 2008**).

---

[37] http://thomasheitz.free.fr/text.mining.researcher/#softwares

L'approche comprend les étapes suivantes :

- Une opération de lemmatisation

- Une étape de recherche des termes déjà formés avec un tiret '-' par le rédacteur du texte d'origine, qui permettra d'affecter à leurs unités des poids plus importants que les unités qui apparaissent seules dans le texte d'origine.

- Après l'extraction des unités, différentes mesures de pertinence peuvent être testées par l'expert afin de déterminer la mieux adaptée. Les résultats sont une liste de termes candidats classés par pertinence décroissante (**Roche, 2006**).

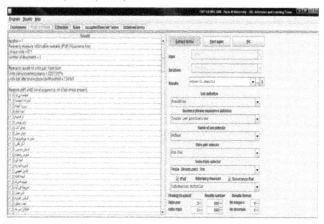

Figure 13: Extraction de collocations avec Exit (**Lalaouna, 2009**)

Pour pouvoir utiliser l'outil EXIT sur des textes arabes, il faut disposer d'un étiqueteur fonctionnant sur du texte arabe translittéré. Nous pouvons utiliser l'ancienne version de l'analyseur morphologique de Abdelali[38] (**Abdelali, 2007**), (**Cowie, 2004**), car l'actuelle travaille directement sur du texte arabe non translittéré.

3.2.3. ANA

ANA (Apprentissage Naturel Automatique) a été développée à l'aide du langage Lisp et d'un système de gestion de base de données objets, sur une station Sun.

---

[38] http://crl.nmsu.edu/Resources/lang_res/arabic.html

ANA est un système qui permet de reconnaître des termes sous plusieurs variations morphologiques. Les taux de rappel et de précision ne sont pas égaux à 1, Cependant, d'après son auteure (**Enguerhard, 1993**), les performances sont satisfaisantes. Il présente l'avantage d'être simples et non spécifiques à une langue particulière. Le système se divise en deux modules : 'familiarisation' et 'découverte' (Figure 15).

Le module de familiarisation extrait automatiquement quelques éléments de connaissance (sur la langue utilisée et le domaine abordé) sous la forme de quatre listes. Le module de découverte utilise ces quatre listes ainsi que le corpus de textes à étudier pour sélectionner la terminologie du domaine abordé.

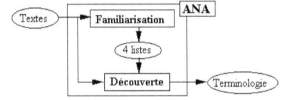

Figure 14: Architecture du système ANA

Familiarisation

Les mots fonctionnels sont, typiquement, des articles, des pronoms, quelques adverbes. Le système les sélectionne automatiquement grâce à une procédure entièrement statistique.

Découverte

La phase de découverte constitue le cœur d'ANA. A l'initialisation de cette phase, cet ensemble est limité au terme du bootstrap. Le bootstrap est un ensemble de quelques termes du domaine dont il est question dans le corpus de textes. Une vingtaine d'éléments suffisent. Cependant le bootstrap peut être constitué de beaucoup plus d'éléments. L'algorithme de découverte de nouveaux termes dans un texte fait apparaître quatre étapes. Il s'agit d'un processus incrémental.

Réduction

Le texte à traiter est nettoyé de tous les caractères de mise en page et de ponctuation. Il est converti en lettres minuscules. Le texte est finalement exprimé dans un alphabet limité aux 26 lettres latines minuscules, aux 10 chiffres arabes, et au caractère blanc.

Analyse-lexicale

Les termes du bootstrap sont identifiés grâce aux procédures d'égalité souple. A ce stade, le texte est perçu comme une suite de termes et de mots inconnus.

Collection d'occurrences

Le texte est balayé de la gauche vers la droite. Toutes les cooccurrences d'événements des trois types 'expression', 'candidat' ou 'expansion' sont stockées dans des objets de la base de données.

Induction de nouveaux termes

Lors de l'induction de nouveaux termes, le système passe en revue les objets susceptibles de mémoriser plusieurs occurrences identiques. Si une forme figée (toujours en suivant les critères de l'égalité souple) est assez fréquente, le système crée un nouveau terme.

D'autres outils que nous n'avons pu expérimenter et qui se basent uniquement sur des techniques statistiques doivent normalement fonctionner sur n'importe quelle langue, nous donnons une liste mais ne pouvons garantir qu'ils supportent réellement les caractères arabes.

Par exemple le système **SENTA** (Software for the Extraction of N-ary Textual Associations), **(Dias, 2002)** est particulièrement évolué en la matière, car il permet de trouver des associations lexicales N-aires de mots, qui ne sont pas forcément contigus. SENTA fonctionne selon un calcul de probabilités conditionnelles et un indice de « cohésion » lexicale entre différents mots d'une fenêtre de mots mobile : cet indice révèle potentiellement un terme du domaine lorsqu'il atteint un pic.

De même, les travaux de Kurshid (**Kurshid, 1996**), où il propose un indice qu'il nomme coefficient d'étrangeté (co-efficient of weirdness) et qui consiste à évaluer le rapport entre la fréquence relative d'une forme dans un corpus non spécialisé et la fréquence relative de la même, au sein d'un corpus technique. Les formes qui apparaissent dans le corpus technique, mais qui ne sont pas représentées dans le corpus non technique se voient attribuer une valeur infinie. Ils sont donc considérés comme «étranges». Les formes dont le coefficient d'étrangeté est particulièrement élevé sont spécifiques au corpus technique.

3.3. Approches hybrides

Les modèles hybrides, comme leur nom l'indique, sont au croisement des chemins entre les approches linguistique et statistiques. Les études existantes adoptent un ordre de traitement variant. En effet, certains auteurs préfèrent commencer le traitement des corpus par une analyse linguistique dont les résultats sont filtrés à l'aide de techniques statistiques alors que d'autres procèdent à l'inverse.

3.3.1. Système proposé par Boulaknadel

Le travail présenté dans (**Boulaknadel, 2008**), s'inspire d'ACABIT (**Daille, 1994**), dédié plutôt aux langues françaises et anglaises. Celui de Boulaknadel traite la langue arabe et il tourne autour du thème d'extraction de termes. Son objectif est d'améliorer l'indexation et la recherche d'information en arabe. L'auteure propose une plateforme intégrant divers composants, dont l'identification de termes complexes sur corpus, qui produit des résultats de bonne qualité en terme de précision, et ce en s'appuyant sur une approche mixte qui combine modèle statistique et données linguistiques.

Pour la découverte des termes complexes et leurs variantes, Boulaknadel utilise une analyse partielle qui permet une formalisation des spécifications linguistiques. Elle utilise l'analyse morphologique pour permettre l'identification de certaines variantes des termes complexes relevant de la morphologie. L'identification des patrons typiques s'effectue par la recherche de certains types de syntagmes nominaux en tenant pour acquis que ceux-ci se composent de séquences de parties de discours. Il s'agit donc de définir les patrons admissibles sous forme de règles et de localiser les séquences correspondantes.

Après l'analyse linguistique et l'extraction des candidats termes potentiels, la liste de ces termes est soumise à diverses mesures statistiques. Ces mesures permettent de calculer le potentiel terminologique de la séquence rencontrée. Un calcul de fréquence est utilisé pour valider la liste obtenue linguistiquement.

4. Extraction de relations

Notons tout d'abord qu'il existe plusieurs appellations pour les relations à extraire, par exemple Sager (**Sager, 1990**) et Condamines (**Condamines & Rebeyrolle, 1997**) utilisent relations conceptuelles, alors que Kurshid (**Kurshid, 1996**) et L'Homme (**L'Homme, 2001**) utilisent relation sémantiques. La différence donnée par L'Homme est infime.

Comme pour les termes, Il existe également deux approches principales pour l'acquisition de relations entre termes. Les méthodes dites « externes », se basent sur la comparaison des contextes d'occurrence, tandis que les méthodes dites « internes », reposent sur la structure morphologique des mots ou la structure lexicale des expressions (**Bernhard, 2006**).

Ou encore comme les définit Séguéla (**Séguéla, 2001**), celles qui procèdent par étude de distributions de contextes autour des termes et celles dont le principe opérationnel d'extraction repose sur des formules linguistiques caractéristiques de relations lexicales.

 Il existe deux types de relations : celles indépendantes du domaine comme les relations de hiérarchie (encore appelée hyponymie ou subsomption :عبارة_عن), méronymie(جزء_من) , synonymie,(أو) classification (نوع_من), causalité(بسبب) , compositionnelle (صُنع_من). Ces exemples ne sont donnés qu'à titre indicatif.

Les autres types de relations sont nommées avec des verbes passifs généralement et dépendent étroitement du domaine étudié, comme (شُخِّص_من_طرف), (أُنزل_على).

Il s' agit donc de présenter maintenant à la lumière de notre problématique qui est la construction d'ontologies à partir de textes arabes, les différentes approches et les outils existants que l'on peut adapter à la l'Arabe.

4.1. Approches pour l'extraction de relations

4.1.1. Approches linguistiques (internes)

Dans cette approche, on envisage le corpus de façon locale et non globale, à partir des propriétés de la langue qui définissent celles des objets du domaine. Ainsi, les travaux qui existent visent à caractériser le fait que, pour une relation sémantique observable dans un texte, il puisse exister des formules linguistiques prévisibles et récurrentes qui expriment cette relation. Dans un souci de clarté, une formule, d'éléments linguistiques, attachée à une relation lexicale sera appelée "marqueur". L'objectif étant d'extraire automatiquement des relations entre termes, ces formules, lorsqu'elles sont identifiées, sont traduites dans un langage informatique. Le résultat de cet encodage est appelé "schéma". Il est caractérisé par la nature de ses constituants qui sont dans la plupart des méthodes présentées de nature lexico -syntaxique. On parlera donc de schéma lexico –syntaxique (**Séguéla, 2001**).

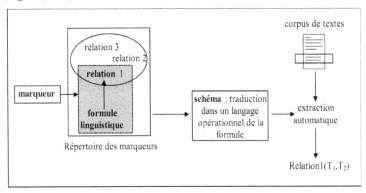

Figure 15: Relation entre marqueur et schéma (**Séguéla, 2001**).

La figure16 montre les relations entre les concepts évoqués dans certains travaux sur l'extraction de relation par approche linguistique. La sémantique de la relation étudiée est définie *à priori*, très rigoureusement, et désigne un rapport de sens existant entre les termes qu'elle relie. Elle repose sur des critères posés au niveau des notions désignées par les termes. Ces types de relations lexicales sont typiquement des relations d'hyponymie, de méronymie, de synonymie, de causalité, etc.

Exemple dans une phrase telle que : الرياء أو أي شكل آخر من الشرك

On détecte une relation d'hyponymie entre un premier terme (الرياء) et un second terme (الشرك) si le premier est suivi par la proposition (أو أي شكل آخر من) ou toute autre flexion. (أو أي شكل آخر من) étant un marqueur de spécification. Donc nous pouvons déduire que, si un terme x et un terme y interviennent dans un syntagme en respectant la structure (y من شكل آخر أي /أو x), x et y sont liés par une relation d'hyponymie.

4.1.1.1. OntoBuilder

MHiri décrit dans (**Mhiri & al, 2006**) une démarche pour la construction d'une ontologie dédiée à la modélisation des systèmes d'information (SI). Il procède à la détermination automatique des relations sémantiques entre les concepts de l'ontologie à partir d'une représentation conceptuelle (RC). Il présente un prototype nommé OntoBuilder pour la construction d'ontologies dédiées exclusivement aux SI.

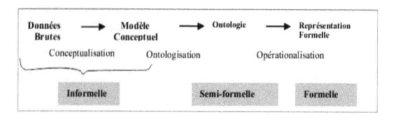

Figure 16: Processus de construction d'ontologies (**Mhiri & al, 2006**)

Les données brutes dans OntoBuilder, sont sous forme de représentations conceptuelles (RC), exprimées avec des diagrammes de classes UML. Les relations conceptuelles prises en compte sont: la généralisation-spécialisation, l'agrégation et la composition, les relations non nommées et celles ayant un nom. Les concepts et leurs relations, obtenus sont transformés en un diagramme appelé diagramme de concepts. Toute fois l'auteur ne donne aucune évaluation concernant le processus d'extraction de relations sémantiques.

Nous donnons tout de même des références pour d'autres outils d'extraction de relations dans d'autres langues principalement l'Anglais ou le Français comme les travaux de (**Sundblad,** 2002), la méthode CAMELEON (**Séguéla, 2001**), PROMETHEE (**Morin, 1999**), COATIS (**Garcia, 1998**), STARTEX (**Rousselot, 1996**), SEEK (**Jouis, 1993**), les travaux proposés par Kurshid (**Khurshid & Fulford, 1992**) et (**Hearst, 1992**).

4.1.2. Approches statistiques (externes)

55

Ce principe consiste à fouiller par des méthodes statistiques la distribution de classes de mots en corpus afin de proposer des relations entre ces mots. La base théorique de cette approche repose sur l'hypothèse qui stipule qu'il existe un système qui sous -tend le fonctionnement de la langue et que ce système est ramenable à un ensemble de règles relativement à un domaine et son sous-langage associé. Une de ces règles, formulée par Harris, avance que le sens des unités linguistiques est en relation étroite avec leur distribution, c'est-à-dire la somme des environnements dans lesquels ils apparaissent : « *Deux morphèmes qui ont des significations différentes diffèrent quelque part dans leur distribution* » (**Harris, 1968**).

On peut ainsi classer les divers sens d'un terme en fonction des constructions auxquelles il participe. Des termes qui ont des distributions comparables ont souvent un élément de sens commun (**Séguéla, 2001**).

Partant de l'hypothèse citée plus haut, une première série de travaux a étudié la distribution lexicale en corpus afin de proposer des hypothèses de relations entre ces mots. Certains travaux comme (**Smadja, 1993**), (**Toussaint, 1997**) et (**Grefenstette, 1994**) ont étudié les fréquences de cooccurrences de mots pour proposer des relations entre ces mots ou former des regroupements de termes.

En fait, les méthodes purement statistiques génèrent des relations sous - catégorisées en ce sens qu'elles peuvent correspondre à plusieurs types de relations conceptuelles.

Elles n'extraient pas véritablement de relation entre termes mais des nuages de points dans lesquels seul un expert peut retrouver des relations. Ces méthodes s'adressent donc plutôt à des experts des textes étudiés qui les utilisent.

4.1.2.1. LEXICLASS

C'est un outil développé par Assadi (**Assadi, 1998**), qui classifie les syntagmes nominaux sur la base de la décomposition en « syntagme + adj » des termes complexes extraits par LEXTER (**Bourigault, 1994**). L'ensemble des syntagmes nominaux est donc ainsi regroupé en fonction de la distribution de leurs contextes adjectivaux. Ce type de méthode permet de structurer ou regrouper rapidement l'ensemble des termes simples (souvent des noms) dans des classes qu'il convient alors d'affiner par interprétation des occurrences des éléments de la classe dans le corpus.

D'autres travaux se sont spécialisés dans un certain type de relations, ainsi Snow (**Snow & al, 2004**), propose une méthode d'apprentissage supervisée qui utilise les dépendances des chemins afin de chercher des patrons syntaxiques pour l'extraction des relations d' hyperonymie.

Fotzo et Gallinari, quant à eux, abordent les relations hiérarchiques à partir de corpus (**Fotzo & Gallinari, 2004**). Les auteurs utilisent des règles de subsomption dans une collection de documents afin de déceler des relations hiérarchiques. Pour repérer la relation d'hyponymie entre deux termes t1 et t2, les auteurs utilisent la fréquence relative. Cette fréquence consiste à comparer le nombre des documents contenant t1 et t2 au nombre des documents contenant t1 ou t2 seuls.

5. Bilan

5.1. Récapitulatif

Nous donnons dans ce qui suit un résumé sur les outils que nous avons expérimentés pour évaluer leur adaptabilité à l'extraction de termes et de relations à partir de textes arabes.

Outil	Fonctionnalités	Adaptation à l'Arabe	Remarques
GATE	▪ Segmentation ▪ Étiquetage (non arabe) ▪ Lemmatisation ▪ Extraction d'information Edition et peuplement d'ontologies.	▪ *Extraction de termes* : Possible avec écriture de règles appropriées pour l'Arabe. ▪ *Extraction de relations* : Possible avec écriture de règles appropriées pour l'Arabe.	▪ Modification du code source possible. ▪ Ne dispose pas d'étiqueteur arabe.
NOOJ	▪ Segmentation ▪ Étiquetage ▪ Lemmatisation ▪ Extraction d'information ▪ Concordancier	▪ *Extraction de termes* composés : Possible avec l'utilisation d'un concordancier et les schémas syntaxiques ▪ *Extraction de relations* : Possible avec l'utilisation d'un concordancier et des schémas syntaxiques	▪ Nécessité de construire des grammaires pour la reconnaissance des EN Arabes.

UNITE	▪ Segmentation ▪ Étiquetage ▪ Lemmatisation ▪ Extraction d'information ▪ Concordancier	▪ *Extraction de termes composés :* Possible avec l'utilisation du concordancier et des schémas syntaxiques. ▪ *Extraction de relations :* Possible avec l'utilisation d'un concordancier et les schémas syntaxiques	
EXIT	▪ Extraction des termes (collocations avec patrons syntaxiques)	▪ Possible à condition de disposer d'un bon étiqueteur libre pour l'Arabe.	▪ Non utilisable sans étiqueteur (avec translittération)

Tableau 8: Tableau récapitulatif **(Zaidi & al., 2010a)**

5.2. Performance

Même si les approches linguistiques permettent l'obtention de bons résultats, l'intérêt de ces dernières est pondéré par la dilution de l'information causée par un fort taux de bruit. Sur le plan de la reconnaissance des unités complexes, les principaux problèmes proviennent du fait que l'analyse syntaxique fait très rarement appel à la sémantique et bien souvent, de manière très partielle **(Drouin, 2002).**

Les approches statistiques quant à elles, se basant sur des techniques quantitatives, sont principalement utilisées sur des corpus volumineux et ne nécessitent aucune connaissance ou ressources linguistiques, ce qui leur confère le privilège d'être indépendantes de la langue des textes traités. De plus ce sont des méthodes rapides et simples à mettre en œuvre, leur inconvénient est que les résultats dépendent des corpus et que si ces corpus ne sont pas suffisamment grands, les résultats seront assez médiocres.

Les approches statistiques peuvent être qualifiées d'autonomes du fait qu'elles n'utilisent pas des ressources linguistiques externes au corpus (dictionnaire, stop word…). Ces ressources sont généralement constituées manuellement et nécessitent beaucoup de temps et d'effort **(Harrathi, 2009)**.

Les résultats obtenus, à moins d'être filtrés à l'aide de techniques linguistiques ou par intervention de l'humain, ne peuvent donc que difficilement être interprétés dans le cadre d'une théorie linguistique.

Par contre, les approches hybrides fournissent des résultats de qualité. Elles présentent un compromis entre les méthodes statistiques et les méthodes linguistiques. L'idée d'associer ces deux dernières méthodes est pertinente. En effet, cette association profite de la finesse des analyses linguistiques et de la robustesse des analyses statistiques numériques. La puissance des méthodes hybrides provient de l'adoption de modèles traitant de l'information comme étant un ensemble de variables qualitatives (**Daille, 1994**), offrant ainsi la possibilité de traitement des corpus de taille volumineux. En plus, les méthodes linguistiques permettent un filtrage des résultats obtenus afin de diminuer le bruit. L'approche hybride profite de la rapidité et de l'indépendance par rapport au domaine des méthodes statistiques. Cette indépendance se manifeste par l'absence d'utilisation des ressources linguistiques spécialisées, les dictionnaires. Cependant cette indépendance reste partielle et limitée, c'est ce que pallient les méthodes linguistiques qui elles nécessitent une connaissance parfaite de la langue du corpus à traiter. C'est cette dernière approche que nous avons donc choisie pour notre travail, et ce pour améliorer la précision de l'extraction des termes et des relations, en tirant profit des deux approches linguistique et statistique.

6. Conclusion

Nous avons présenté, dans ce chapitre, un état de l'art dans le domaine de l'extraction des termes et des relations, nous avons exposé les approches communément utilisées dans les différents travaux ainsi que les outils développés, cependant nous n'avons insisté que sur ceux qui sont susceptibles d'être adaptés à la langue arabe. Nous avons expérimenté quelques outils pour étudier leur degré d'adaptabilité à l'Arabe et nous avons soulevé les difficultés auxquelles nous avons été confrontées au cours de notre tâche.

Nous avons remarqué aussi, la multitude de travaux dans ce domaine, concernant les autres langues, nous avons souligné plus particulièrement le fait que les travaux les plus innovateurs datent de plus d'une décennie, en effet la majorité des travaux plus récents sont des reprises d'idées avec de nettes améliorations relativement à l'approche adoptée ou une hybridation d'approches existantes. Nous avons malheureusement souligné aussi, le peu de travaux sur la langue arabe, mais nous avons ressenti, ces quelques dernières années, une nette recrudescence de travaux menés par des chercheurs dans le domaine du traitement automatique de la langue arabe généralement et dans celui de l'ingénierie ontologique plus spécialement. Des efforts colossaux sont fournis du CSLA[39] pour unifier la terminologie et coordonner les travaux qui se font un peu aux quatre coins du monde sur la langue arabe.

---

[39] Conseil Supérieur de la Langue Arabe : http://www.csla.dz/

Chapitre 4 : Le système proposé

1. Introduction

Nous présentons dans ce chapitre une méthode hybride pour l'extraction des termes et des relations, nous avons d'abord procédé à l'extraction de termes simples à l'aide d'une approche statistique basée sur la métrique tf-idf. A la fin, nous avons établi une liste de termes simples.

Pour extraire des termes composés, nous avons utilisé d'abord une approche linguistique en utilisant des patrons prédéfinis, puis nous avons filtré les résultats avec une approche statistique basée sur l'information mutuelle.

Pour l'extraction des relations sémantiques, nous avons suivi le même modèle, d'abord nous appliquons une approche linguistique basée sur les marqueurs permettant de repérer des relations entre termes, puis nous avons validés les résultats par une approche statistique.

Apres avoir défini quelques instances pour des concepts concrets, nous avons procédé à la formalisation des concepts (entités, relations et instances) avec la logique de description et avons donné à la fin un exemple d'opérationnalisation de l'ontologie.

2. Motivation

L'objectif étant de fournir une plateforme pour la construction d'ontologies à partir de textes arabes, le premier corpus auquel nous pouvions penser était le Coran. Notre hésitation ne fit pas long feu. Le corpus était sur le web et un sérieux travail de prétraitement était entrain de se faire par des personnes des quatre coins du monde.

Et si on disposait d'une ontologie du Coran ?

Alors on pouvait l'utiliser dans l'indexation, la recherche d'information, la traduction automatique... (Bien que là c'est un peu trop ambitieux voire même prétentieux !).

61

Et pourquoi ne serait-elle pas une aide à découvrir de nouvelles interprétations avec toutes les relations conceptuelles dont on pouvait disposer ? L'horizon paraissait infini et le travail gigantesque, mais tout commence par un petit pas. C'est ce premier petit pas que nous avons tenu à faire, pour ouvrir la porte et permettre à d'autres de faire de grands pas de géants !

3. Objectif et Choix du Corpus

L'objectif initial était de fournir une plateforme pour la construction d'ontologies à partir de textes arabes. Pour ce faire il fallait disposer d'un corpus étiqueté sinon, il fallait se résoudre à commencer à faire un travail d'analyse du TALN qui consiste à construire un corpus et fournir les outils nécessaires pour le traiter.

3.1. Choix du premier corpus

Par chance en discutant avec un chercheur John Funk[40], j'ai su qu'il y avait un travail qui se faisait sur la construction du corpus coranique et qui était à l'étape d'étiquetage. Kais Dukes[41] contacté, m'oriente sur le travail qu'il fait, en précisant qu'il est toujours entrain d'affiner l'étiquetage. Donc le choix était fait, reste à choisir une démarche à suivre. La méthodologie adoptée s'inspire de celle proposée par (**Noy & Guiness, 2000**) avec quelque modification selon le besoin. Parce que le travail était gigantesque et nous nous sommes résolu à simplifier certaines étapes comme l'édition et la détermination de tous les attributs et les axiomes et à en rajouter d'autres, comme la formalisation et l'opérationnalisation. Donc les points saillants de notre travail étaient l'extraction des termes et des relations. C'est sur ces deux taches qu'on va se focaliser le plus, sans oublier bien sur la formalisation à la fin.

Le corpus choisi « *The Quranic Arabic Corpus*[42] » ou *The Crescent Corpus*, était en cours de traitement et d'expansion, un travail mené par Dukes et auquel participaient des centaines d'autres personnes des quatre coins du monde. Le travail a suscité l'engouement de tellement de personnes qu'il est devenu plus énorme et ne cesse de s'améliorer. Beaucoup s'y sont intéressés, qui pour

---

[40] http://www.sekt-project.com/author/adam.funk
[41] http://www.kaisdukes.com/
[42] http://corpus.quran.com

l'utiliser, qui pour y participer, Eric Atwell, Nizar Habash, Ahmed Abdelali et même Tim Buckwalter.

Figure 17: Carte des utilisateurs du Crescent corpus (donné par Google analytics)

Le projet a commencé par un étiquetage automatique des mots du Coran, nombre de personnes du domaine ont participé à des validations manuelles, puis l'étiquetage se raffinait peu à peu et une ontologie en anglais a vu le jour, et plus récemment une multi-interprétation vers l'Anglais.

3.2. Choix du deuxième corpus

Pour les besoins de certaines étapes de notre application, nous avons eu besoin de travailler sur un autre corpus, parce qu'alors nous avions besoin de comparer ou de discriminer les termes de notre corpus par rapport aux autres, nous avons eu recours à celui proposé par Al-Sulaiti[43] (**Atwell & al, 2004**). C'est un corpus construit en XML à l'université de Leeds. Le corpus est divisé en 16 catégories dont la science, le sport, les biographies, les histoires pour enfant etc.

La suite de ce chapitre sera organisée en quatre parties : La première sera consacrée à l'extraction des termes simples, la deuxième traitera l'extraction des termes composés, la troisième abordera l'extraction des relations, quant à la dernière, elle présentera la formalisation des concepts.

---

[43]http://www.comp.leeds.ac.uk/latifa/

Partie I : Extraction des termes simples

1. Introduction

Cette partie consiste à extraire des termes simples, l'approche utilisée se base sur le calcul de poids.

Ce poids est attribué à tous les mots sans distinction, il se calcule en utilisant la formule tf-idf (*voir section 3.2.1.1*). Nous savons que tf-idf est surtout utilisée dans la recherche d'information pour déterminer la pertinence d'un document par rapport à une requête mais qu'elle possède plusieurs variantes. Le principe de son utilisation dans ce travail est le suivant : Contrairement à la version d'origine, nos documents n'appartiennent pas au même corpus, nous prenons un document du Crescent Corpus, les autres documents sont pris dans quatre catégories différentes du corpus d'Al-Sulaiti (**Atwell & al, 2004**).

L'objectif est le suivant : si un mot *m* considéré est jugé important dans notre document cible, l'est aussi dans les autres documents, c'est qu'il n'est pas représentatif du domaine étudié, puisque les autres documents représentent des catégories différentes comme la politique, les biographies, l'environnement et le sport. Cela veut dire que c'est un mot commun à tous les domaines et donc ne peut être important pour le notre. Par contre si un mot est important dans notre document et ne l'est pas pour les autres et qu'il a un fort poids, il y a de forte chance qu'il soit représentatif du domaine. La liste retenue à la fin peut être validée par un expert humain.

2. La méthode proposée pour l'extraction des termes simples

2.1. Etapes d'extraction

Nous allons travailler sur les deux corpus, nous avons pris les versions en format brut. Chaque sourate est alors considérée comme un document et nous choisissons au hasard des documents des quatre catégories suscitées, à savoir *environnement, sport, politique* et *biographies*. Les termes représentatifs du Coran sont distincts de ceux utilisés dans des domaines comme la politique ou le sport, ce choix optimisait la méthode adoptée.

Nous devions choisir pour les besoins de l'approche basée sur tf-idf des sourates dont la taille doit être proche des documents des autres catégories. Cela ne nous a pas empêché de traiter quand même les grandes sourates comme Al-Baqarah, mais nous restons prudents quant au bon fonctionnement de la méthode.

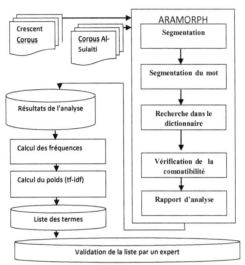

Figure 18: Etapes pour extraire des termes simples

2.2. Description des composants du système

2.2.1. Les corpus

Le Crescent Quranic corpus, représente le texte coranique comme nous l'avons expliqué plus haut, il existe une version sous format.txt et une autre sous format .xml. Il est composé de 114 sourates. Chaque sourate est considérée comme un document constituant le corpus.

2.2.2. Aramorph

Les documents provenant des deux corpus, sont analysés avec Aramorph[44]. AraMorph est un analyseur morphologique développé par Tim Buckwalter pour le compte du LDC[45] . Il prend comme entrée un texte sous format .txt et donne

---

[44] http://aramorph.sourceforge.net/
[45] http://www.ldc.upenn.edu/

comme sortie une liste de mots et toutes les solutions possibles de ses lemmes, la vocalisation, la morphologie, la catégorie, le glossaire et une analyse statistique qui donne le nombre des lignes, le nombre des mots arabes et le nombre de mots non arabes dans le texte.

Il existe deux versions d'AraMorph, celle en PERL , développé par *Buckwalter* et celle en JAVA, traduite par *Pierrick Brihaye* accessible en ligne[46]. Le projet inclut des classes *Java* permettant l'analyse morphologique de fichiers textuels en arabe et ce, quel que soit leur encodage. A cet effet, il est proposé 3 fichiers de test dans les principaux encodages utilisés pour la langue arabe : UTF-8, ISO-8859-6 et CP1256. Ce projet inclut également des classes compatibles avec l'architecture de Lucene, ce qui permet l'analyse, l'indexation et l'interrogation de documents en arabe.

2.2.2.1. *Segmentation et segmentation du mot*

L'algorithme d'Aramorph, exécute une segmentation très basique. Les mots arabes sont définis en tant qu'un ou plusieurs caractères arabes contigus. Aramorph travaille sur du texte arabe translittéré.

Cette translittération utilise naturellement le système de translittération de Buckwalter. Ainsi, كتاب est translittéré en *ktAb* avant son analyse morphologique (**Banouni & al, 2002**).

Ensuite, AraMorph utilise un algorithme de force brute pour décomposer le mot en une succession de préfixe, radical et préfixe.

2.2.2.2. *Recherche dans le dictionnaire*

Pour la recherche, il y a trois fichiers de lexiques : dictPrefixes, dictStems, et dictSuffixes. Si les trois composantes (préfixe, radical, suffixe) se trouvent dans leurs tables de hachage, la prochaine étape consiste à déterminer si leurs catégories respectives morphologiques sont compatibles.

2.2.2.3. *Vérification de la compatibilité*

Le Format de fichier des tables est extrêmement simple. On a trois tableaux de compatibilité : tableAB, tableAC, et tableBC. Pour chacune des trois composantes (préfixe, radical, suffixe) compatibles il faut vérifier la demande :

---

[46] http://www.nongnu.org/aramorph

- A est une catégorie *préfixe* compatible avec la catégorie *radical* B (la paire existe dans la table de hachage AB)
- A est une catégorie *préfixe* compatible avec la catégorie *suffixe* C (la paire existe dans la table de hachage AC)
- B est une catégorie *radical* compatible avec la catégorie *suffixe* C? (la paire existe dans la table de hachage BC?)

Si les trois paires se trouvent dans leurs tables respectives, les trois composantes sont compatibles et le mot est valide.

2.2.2.4. *Résultat d'Analyse*

Exemple pour le mot كتاب

كتاب est translitéré en *ktAb* avant son analyse morphologique

```
Processing token :        كتاب

Transliteration :         ktAb

SOLUTION #2

Lemma :        kut~Ab

Vocalized as :  kut~Ab

Morphology :

        prefix : Pref-0

        stem : N

        suffix : Suff-0

Grammatical category :

        stem : kut~Ab   NOUN

Glossed as :

        stem : kuttab (village school)/Quran school

SOLUTION #1

Lemma :        kitAb

Vocalized as :  kitAb

Morphology :
```

```
prefix : Pref-0

stem : Ndu

suffix : Suff-0

Grammatical category :

        stem : kitAb        NOUN

Glossed as :

        stem : book

SOLUTION #3

Lemma :         kAtib

Vocalized as :   kut~Ab

Morphology :

        prefix : Pref-0

        stem : N

        suffix : Suff-0

Grammatical category :

        stem : kut~Ab   NOUN

Glossed as :

        stem : authors/writers
```

Figure 19: Exemple d'analyse avec Aramorph **(Lanani, 2009)**

2.2.3. Calcul de fréquence des mots

D'après le résultat d'analyse du texte coranique par l'analyseur AraMorph, on fait l'indexation du mot par rapport à ses lemmes[47]. Pour obtenir leurs fréquences dans la sourate du Coran avec le numéro du verset.

Nous suivons les étapes suivantes :

---

[47] Le lemme est une entrée dans le dictionnaire

69

- Les *verbes* sont ramenés à la 3e personne du singulier, de l'accompli actif, sauf dans le cas de certains verbes figés n'ayant qu'une conjugaison partielle, exemple : (كتب)

- Les *noms variables* sont ramenés à la forme du nominatif singulier. (masculin pour les noms qualificatifs), exemple : (كاتب)

- Les *noms invariables* à leur forme classique vocalisée (masculin singulier pour les pronoms), exemple : (أنا) ;

- Les *particules* sont ramenées à leur forme classique vocalisée.

- Les lemmes *composés* sont gardés comme composés si le composé lui-même fait l'objet d'une entrée dans les dictionnaires classiques.

A la fin nous obtenons le mot, sa fréquence et le nom de la sourate dans laquelle il apparait.

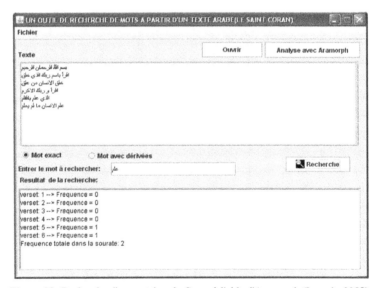

Figure 20: Recherche d'un mot dans le Coran à l'aide d'Aramorph (**Lounis, 2009**)

2.2.4. Calcul du poids des termes par la formule tf-idf

A l'aide de la fréquence nous allons procéder au calcul du poids de chaque mot avec la formule tf-idf.

70

Aramorph est ajouté dans la bibliothèque du projet, après l'analyse, on calcule pour chaque mot i dans un document j son poids w_{ij} par la formule suivante:

$$w_{ij} = tf_{ij} \times idf_i$$

Avec

$$idf_i = log\frac{N}{n_i}$$

Figure 21: Formule du tf-idf (**Bechet, 2009**).

tf_{ij} : représente la fréquence du mot i dans le document j, calculée dans l'étape précédente.

n_i : est le nombre de documents dans lesquels apparaît le terme i.

N : Le nombre total des documents

Une fois les poids calculés, on classe les mots dans un ordre décroissant, on fixe un seuil d'une manière expérimentale (dans notre cas la valeur tournait autour de 0,6). On retient les mots dont le poids est égal ou supérieur au seuil. Cette liste représente les termes candidats et elle est soumise à un expert pour une validation éventuelle.

Figure 22: Liste des mots avec leur pondération tf-idf

Cette liste peut être validée par un expert du domaine qui décidera si un terme candidat est bien représentatif du domaine ou pas.

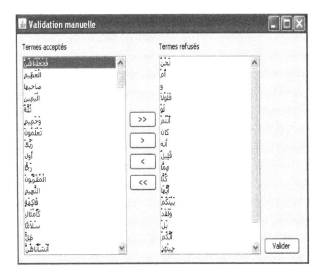

Figure 23: Validation manuelle de la part d'un expert

L'approche que nous avons privilégiée est une approche semi-automatique (**Zaidi & al., 2012a**), parce que si les méthodes statistiques sont réputées pour être robustes et faciles à mettre en œuvre, le résultat sans une validation manuelle est loin d'être convaincant du fait de l'absence quasi-totale des connaissances linguistiques.

3. Evaluation

Les mesures utilisées généralement, pour juger la justesse de l'extraction des termes sont la précision et le rappel.

La précision permet d'évaluer le nombre correct de termes extraits alors que le rappel permet d'évaluer la proportion des termes corrects qui n'ont pas été extraits. Les formules suivantes sont données en supposant qu'il existe une liste de référence. Dans le cas échéant un expert peut remplacer la liste.

$$Précision = \frac{\text{nombre de termes extraits et qui sont presents dans la liste de reference}}{\text{le nombre de termes extraits}}$$

$$Rappel = \frac{\text{nombre de termes extraits et qui sont presents dans la liste de reference}}{\text{nombre de termes de la liste de reference}}$$

La mesure de ces deux quantités a donné les résultats du tableau suivant :

Précision	Bruit	Rappel	Silence	F.Mesure
0.88	0.11	0.92	0.05	0.89

Tableau 9 : Précision et Rappel de l'approche adoptéele travail sur des sourates de

Bien que ces résultats soient représentatifs, toutefois ils restent à vérifier pour les longues sourates, car nous avons effectué l'analyse sur des sourates de moyenne longueur, telles que El-Insan, El-Waqiaa, El-Houjourat etc..

La méthode basée sur tf-idf ne fonctionne pas à son optimum si les documents ne sont pas homogènes, c'est-à-dire approximativement de même taille, les résultats peuvent devenir aléatoires. Outre cela nous avons remarqué que dès que nous chargeons des fichiers volumineux le système devient vite très lent jusqu'à se bloquer carrément.

4. Conclusion

Dans cette partie, nous avons présenté une méthode statistique basée sur le calcul de poids en fonction de la formule de tf-idf, pour l'extraction de termes simples du Coran. L'opération s'est faite après avoir analysé les documents avec Aramorph. Le système fournit à la fin une liste de termes candidat que nous pouvons comparer à une liste de référence ou alors la soumettre à un expert humain pour validation. Toutefois nous avons tenu à conserver les mots au dessous du seuil fixé, dans le cas où l'expert désirerait les rajouter à la liste finale.

Partie II : Extraction des termes composés (Collocations)

1. Introduction

Dans cette partie nous allons présenter une méthode hybride pour l'extraction de termes composés sous forme de collocations. L'objectif étant toujours de construire l'ontologie du Coran. A partir de ce chapitre nous n'allons travailler que sur le Crescent Quranic Corpus.

Les termes complexes sont extraits par une méthode linguistique en utilisant l'outil GATE, que nous avons adapté à l'Arabe et ce, en intégrant de nouvelles règles JAPE respectant les patrons syntaxiques arabes pour l'extraction de collocations. Nous gardons les collocations candidates dans un fichier. Par la suite, cette liste des collocations jugées pertinentes, est filtrée par une méthode statistique basée sur l'information mutuelle.

2. Description des composants du système

La figure26 montre les différentes étapes proposées pour l'extraction de collocations, nous décrivons dans ce qui suit les principaux composants du système.

2.1. La méthode linguistique

Figure 24: Architecture du système

2.1.1. Le choix des patrons syntaxiques

Les patrons syntaxiques sont le schéma que doit respecter une suite de mots pour qu'elle soit considérée comme une collocation.

Une collocation étant « *l'emploi d'un terme relativement à d'autres, toutes variantes morphologiques confondues, et sans égard à la classe grammaticale* »[48].

Une collocation est « *la position d'un objet par rapport à d'autres au sein d'un ensemble, d'un mot par rapport à d'autres le long de la chaîne parlée[49]* ».

Une collocation est donc une expression à mots multiples c'est à dire des unités lexicales constituées par plusieurs mots orthographiques tels que *feu rouge* en Français ou « أجر عظيم » en Arabe.

Nous nous intéressons ici aux collocations formées de deux unités lexicales ou trois et respectant les schémas suivants :

- Nom-NomPropre (رسول الله)
- NomPropre-Nom(الله العليم)
- NomPropre-Adjectif(الله عليم) nous considérons que les adjectifs tels que (عليم) deviennent des noms, lorsqu'ils sont déterminés (العليم).
- Nom-Nom (صوت النبي)
- Adjectif-Nom (سميع الدعاء)
- Nom-Adjectif(زرابي مبثوثة)
- Nom-Préposition-Nom(نور على نور)
- Nom-Verbe (الملائكة يشهدون)
- Verbe-Nom (يتّبع الرسول)

---

[48] http://www.cnrtl.fr
[49] http://www.larousse.fr

Figure 25: Exemple de collocations sous forme (NomPropre-Adjectif)

Si le patron choisi est (Nom-NomPropre), le mot « الله » est alors le deuxième selon l'ordre de droite à gauche.

Figure 26: Exemple de collocations sous forme (Nom-NomPropre)

Des collocations respectant le schéma (Verbe-NomPropre) avec le NomPropre choisi toujours : الله . Nous obtenons :

Figure 27: Exemple de collocations sous forme (Verbe-NomPropre)

Il est à noter certains problèmes auxquels nous nous sommes confrontés, comme les particules agglutinées aux noms qui se sont affichées comme Nom-Nom ou Nom-Verbe et que nous avons refusé parce qu'alors le corpus était étiqueté ainsi.

2.2. GATE

GATE, comme nous l'avons présenté dans la *section 3.1.1* du chapitre 3, définit tout en termes de composants: des unités réutilisables spécialisées dans des taches spécifiques.

2.2.1. CREOLE (**C**ollection of **RE**usable **O**bjects for Language Engineering).

Nous pouvons définir dans CREOLE trois types de composants :

2.2.1.1. *Ressources langagières* (LRs : *language resources*)

Il s'agit d'un certain nombre de données linguistiques tels que des documents, des corpus ou des ontologies. A l'heure actuelle toutes les LRs sont basées sur le texte mais le modèle peut être étendu pour manipuler des données multimédias.

2.2.1.2. *Ressources de traitement* (PRs : processing resources)

Ce sont des ressources de caractère algorithmique tels que les segmenteurs, les étiqueteurs, les analyseurs etc. Dans la majorité des cas les PRs sont utilisées pour traiter les données fournies par les LRs.

2.2.1.3. *Ressources de visualisation* (VRs : visual resources)

Ce sont des composants graphiques affichés par l'interface utilisateur et permettant la visualisation et l'édition d'autres types de ressources.

2.2.2. ANNIE (A Nearly-New Information Extraction system)

GATE comporte un système d'extraction d'information, ANNIE, pour système quasi nouveau pour l'extraction d'information, lui-même formé de modules parmi lesquels un analyseur lexical, un gazetteer (lexique géographique), un segmenteur de phrases (avec désambiguïsation pour l'anglais), un étiqueteur (mais pas pour l'Arabe), un module d'extraction d'entités nommées et un module de détection de coréférences (**Cunningham & al, 2006**).

2.2.3. JAPE (Java Annotation Pattern Engine)

JAPE est un langage dérivé de CPSL (Common Pattern Specification Language) (**Plamondon, 2004**). Il fournit des transducteurs à états finis basés sur des expressions régulières, la grammaire JAPE consiste en un ensemble de phases, chacune d'elle est un ensemble de patron/règle. Les phases sont exécutées séquentiellement constituant une cascade de transducteurs à états finis pour les annotations. La partie gauche (LHS) de la règle contient le patron de l'annotation pouvant contenir des opérateurs d'expressions régulières (*, ?, +). La partie droite

79

de la règle (RHS) donne le label de l'annotation, attaché au patron : l'action à entreprendre si le patron est détecté **(Thakker & al, 2009)**.

2.3. Extraction de collocations avec GATE

Notre idée est d'essayer à l'aide de nouvelles règles JAPE d'extraire des collocations binaires ou ternaires **(Zaidi & al, 2010**b), dans le but de comparer les résultats avec la méthode du concordancier

Nous avons commencé avec des règles simples pour définir de nouvelles annotations, telles que Nom-adjectif, Nom-Adjectif, Nom-Nom, Verbe-Nom, Nom-Préposition-Nom, à prendre de droite à gauche dans le sens de la langue arabe.

La règle suivante permet de reconnaitre dans un texte des mots avec une étiquette *Nom* suivi d'un *adjectif*, pour donner en sortie la collocation formée du N-ADJ, de la même façon nous avons écrit les règles permettant de reconnaitre les autres types de collocations.

```
4   Phase:  TestNADJRule
5   Input: N ADJ
6   Options: control = appelt
7
8   Rule: N5pur
9   ({N}):spur
10  --> {}
11
12  Rule: ADJSpur
13  ({ADJ}):spur
14  --> {}
15
16  Rule: TestRule1
17  Priority: 50
18  (
19    {N}
20    {ADJ}
21  ):SomeLabel
22  ({token,!Split})
23  -->
24  :SomeLabel.N_ADJ = {rule="TestRule1"}
```

Figure 28: Règle JAPE pour l'extraction de collocation (Nom-Adjectif)

Après la création d'un nouveau transducteur à état fini, nous lui passons la nouvelle règle comme paramètre et le corpus à traiter, le moteur va chercher dans le texte tous les tokens dont l'étiquette est *Nom*, suivi d'un token dont l'étiquette est *Adjectif*.

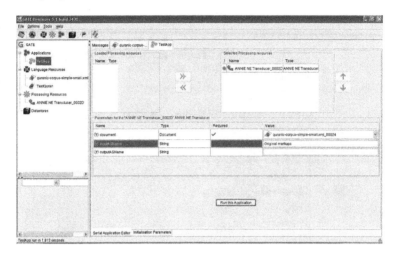

Figure 29: Création de transducteur dans GATE

Dans ce cas le corpus doit être obligatoirement étiqueté, parce que GATE ne dispose pas d'un étiqueteur pour l'Arabe, ce qui aura comme conséquence logique que la précision de l'analyse va dépendre étroitement de la précision de l'étiquetage.

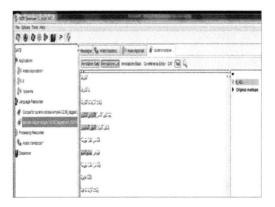

Figure 30: Extraction de collocations (Nom-Adjectif) avec GATE

En passant la règle à *ANNIE NE Transducer*, nous obtenons l'étiquette d'une nouvelle annotation N_ADJ. De la même façon nous pouvons créer d'autres annotations Nom-Nom, Verbe-Nom, Nom-Préposition-Nom etc. La figure suivante montre l'extraction de ce type de collocations.

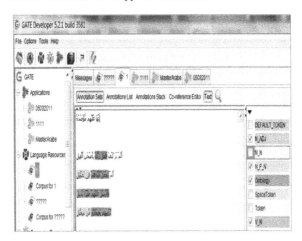

Figure 31: Extraction d'autres types de collocations

Nous avons effectué une évaluation primaire sur les annotations obtenues, à partir des mesures classiques de précision et de rappel sur la base d'un corpus annoté manuellement (Les sourates courtes). Puis, nous l'avons traité automatiquement avec Gate et avons effectué la comparaison à l'aide de *AnnotationDiff*[50] (**Maynard & Aswani, 2009**) qui a permis de donner un rappel de 1, où toutes les collocations ont été retournées, et une précision de 0.5 (environ la moitié a été jugée pertinente).

Le taux relativement faible de précision est due essentiellement au fait que l'étiquetage du corpus n'était pas très fin, ce qui a influé sur la précision calculée.

2.4. Le filtrage par calcul de l'information mutuelle

La liste sur laquelle nous travaillons maintenant est celle des collocations obtenues précédemment en utilisant les règles JAPE.

---

[50] Outil de GATE permettant d'effectuer une comparaison entre deux annotations

Nous avons calculé, pour chaque paire de mots l'information mutuelle (IM). L'IM sert à déterminer si deux mots sont fortement liés ou pas. Elle consiste à calculer le nombre d'occurrence de mots, ensuite calculer la probabilité de ces mots, considérés comme variables, en utilisant les fréquences.

La formule utilisée est la suivante : Etant donnés deux mots désignés par les variables x et y l'information mutuelle se calcule de la façon suivante :

$$IM(x, y) = log_2 \frac{p(x,y)}{p(x)p(y)}$$

Où :

P(x) et P(y) : sont respectivement les probabilités d'observation des mots x et y.

P(x, y) : est la probabilité de les observer ensemble.

Si f(x), respectivement f(y), sont les fréquences de x et y alors :

$$p(x) = \frac{f(x)}{N}, \quad p(y) = \frac{f(y)}{N} \quad et \quad p(x, y) = \frac{f(x,y)}{N}$$

Où N est le nombre total des mots dans le corpus.

D'où la formule finale : $IM(x, y) = log_2 \left(\frac{N f(x,y)}{f(x)f(y)}\right)$

Exemple de calcul de l'information mutuelle pour les deux mots رسولُ et الله

Mot1	Fréqmot1	Mot2	Fréqmot2	Fréq(mot1,mot2)	IM(mot1,mot2)
رسول	5	الله	27	2	5.22

Tableau 10: Exemple de calcul de l'IM entre deux mots dans la sourate El- Houjourat

N= 353

IM (رَّبِهِمُ, الْحَقُّ)=log (353*2)/ (5*27))=5.22

Une fois l'IM de chaque couple calculée, nous fixons expérimentalement un seuil pour privilégier les paires ayant une forte cohésion, nous classons les collocations selon leur IM par ordre décroissant et nous retenons celles dont l'IM est supérieur au seuil.

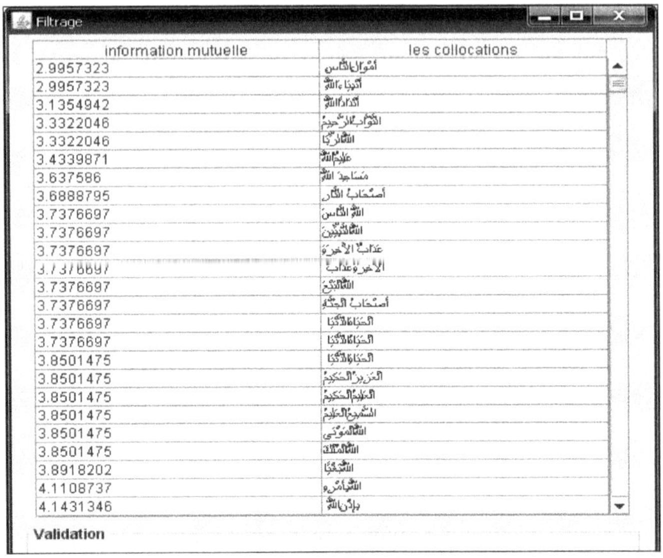

information mutuelle	les collocations
2.9957323	أشول الناس
2.9957323	أدينا ءالله
3.1354942	أكداة الله
3.3322046	الكواب غار كريم
3.3322046	الله كريم
3.4339871	عليم الله
3.637586	مساجد الله
3.6888795	أستجاب الله
3.7376697	الله الناس
3.7376697	الله تبين
3.7376697	عذاب الآخرة
3.7376697	الآخرة وعذابه
3.7376697	الله تخرج
3.7376697	أستجاب الناس
3.7376697	الحياة دنيا
3.7376697	الحياة دنيا
3.8501475	الحياة دنيا
3.8501475	العزيز الحكيم
3.8501475	العليم الحكيم
3.8501475	المشجع الحليم
3.8501475	الله توفي
3.8501475	الله كلذا
3.8918202	الله كلذا
4.1108737	الله تبشر
4.1431346	دار الله

Validation

Figure 32: Calcul de l'information mutuelle des collocations

2.5.   Evaluation de la méthode

Pour évaluer la pertinence de notre choix à savoir l'hybridation des deux approches, nous avons calculé la précision avant et après le filtrage par l'IM, nous avons utilisé la formule suivant :

Précision avant filtrage $= \dfrac{nombre\ de\ collocations\ \textbf{correctes}\ extraites}{nombre\ \textbf{total}\ de\ collocations\ extraites\ par\ GATE}$

Précision après filtrage $= \dfrac{nombre\ de\ collocations\ \ \textbf{correctes}\ après\ filtrage}{nombre\ \textbf{total}\ de\ collocations\ extraires\ apres\ filtrage}$

Le tableau suivant montre les résultats obtenus avant et après hybridation.

Type d'extraction	Précision
Extraction avec GATE (linguistique)	0.54
Extraction après hybridation (statistique)	0.91

Tableau 11:Précision avant et apres hybridation

84

Le fait marquant que nous avons observé c'est au lieu d'avoir une amélioration avec des valeurs de l'IM supérieure au seuil, comme il est de coutume, nous avons pu remarquer que pour les très faibles valeurs de l'IM comme pour celles supérieures au seuil fixé au début, les collocations étaient en majorité correctes, celle qui étaient comprises entre les deux valeurs dont celle du seuil l'étaient beaucoup moins, nous avons cherché à comprendre ce phénomène et voir s'il est exclusivement réservé au corpus coranique, vu ses caractéristiques propres. Mais pour cela, il fallait refaire tout le travail avec d'autres corpus, c'est ce que nous avons prévu de faire dans de futurs travaux. Cependant nous avons relevé quelques remarques concernant ces résultats, le Coran étant un corpus spécial avec ses spécificités et ses caractéristiques la cooccurrence de deux mots même si elle est très rare ne veut forcement pas dire qu'elles ne forment pas une collocation pertinente.

D'après les résultats affichés au tableau10, nous remarquons que la précision a connu une nette amélioration après le filtrage par la méthode statistique cela explique largement la pertinence de l'hybridation et que le choix que nous avons fait en couplant les deux approches est plus que justifié.

3. Conclusion

Cette partie a traité le problème d'extraction de termes simples et composés sous forme de collocations à partir du corpus coranique.

L'extraction des termes est le point anguleux de la construction d'ontologies. En effet, de la qualité des termes extraits, va dépendre celle des relations à extraire et donc la structure même de l'ontologie. Nous n'avons pas mentionné le fait que parallèlement à GATE, nous avons essayé une autre méthode linguistique basée sur l'utilisation d'un concordancier aConCorde[51], qui consiste à, étant donné un corpus chargé, affiche tous ses mots par ordre alphabétique, ainsi que la fréquence de chaque mot. Lorsqu'un mot est choisi, aConCorde (**Roberts & al, 2005**) affiche alors toutes ses occurrences et ses contextes gauche et droit c'est-à-dire les mots le précédant et ceux lui succédant. Ces contextes se comptent généralement en nombre de caractères.

---

[51] http://www.andy-roberts.net/coding/aconcorde

Les concordances sont alors sauvegardées dans une base de données simple, On choisit la syntaxe d'un marqueur et on soumet une requête respectant ce marqueur, puis on recueille les résultats retournés dans une liste qu'on sauvegarde. Voyant que les résultats obtenus n'amélioraient en aucune façon ceux issus de GATE, nous avons préféré en faire abstraction. Mais nous le mentionnant ici, parce que nous pensons que c'est le propre même de la recherche que de prendre plusieurs chemins et de découvrir que certains ne mènent pas forcément là où on veut aller. Cependant cette démarche n'est jamais complètement vaine, nous en sortons souvent plus éclairés.

L'opération d'extraction telle qu'abordée ici n'est pas complètement automatique, le recours à un expert est quasi nécessaire à la fin pour valider la liste finale des termes extraits.

Partie III : Extraction des relations

1. Introduction

L'extraction des relations sémantiques entre des termes est une tache très difficile à réaliser, Certains travaux ont tenté d'apporter des réponses à ce problème à partir de l'étude de corpus.

Ce que nous proposons dans cette partie est une méthode hybride d'extraction de relations à partir du texte Coranique. Comme pour les termes, nous allons utiliser d'abord une approche linguistique basée sur les règles JAPE pour extraire des relations entre termes simples, puis nous validerons les résultats obtenus par une approche statistique basée sur l'information mutuelle. Pour les relations entre collocations, nous utiliserons un concordancier pour rechercher des relations entre termes complexes en utilisant des marqueurs, nous sauvegardons les résultats dans une base de données puis nous soumettons des requêtes en imposant certaines contraintes. Les résultats sont aussi filtrés par l'IM.

La première approche se fait à l'aide de l'outil GATE et une grammaire de détection qui couvre les différentes formes syntaxiques d'apparition d'une relation dans le texte. À chaque relation sont associées une ou plusieurs grammaires, l'application de ces dernières sur le texte permet d'identifier une éventuelle expression de cette relation. Etant donné que GATE dispose d'un transducteur permettant l'application des grammaires JAPE sur le texte, nous avons utilisé ce langage pour écrire les règles de détection de relations. Bien que nous utilisons les patrons syntaxiques, nous avons aussi utilisé des marqueurs comme (،مثل عن_عبارة، .(مثله_كمثل، كـ،

Le travail comporte deux parties : L'une traite la recherche de relations entre termes simples, en utilisant des patrons parce que très souvent et spécialement dans la langue arabe deux noms qui se succèdent (le cas du génitif par exemple) exprime une relation sémantique. Exemple (السموات_خالق= Créateur des cieux), où on peut déceler une relation (طرف_من_خُلق= créé_par)

Donc il est très courant que l'on puisse extraire des collocations précédentes des relations sémantiques, mais ce genre de relations, puisqu'elles n'utilisent pas des marqueurs, doivent impérativement être validé par un expert humain. Dans ce volet là, nous pouvons trouver des relations nommées comme (على_أنزل) comme nous pouvons reconnaitre des relations non nommées comme (القواعد_من_البيت) où il est question d'une relation de méronymie qui n'est pas explicite dans le syntagme précédent.

L'autre partie concerne les relations entre collocations, où nous utilisons ici des marqueurs et la liste des collocations extraites précédemment.

Toute fois nous n'avons pu recenser toutes les relations, tant elles sont nombreuses, mais nous donnons la méthode pour les retrouver dans les deux cas.

2.   Architecture du système d'extraction de relations

L'architecture du système d'extraction de relation est le même que celui des collocations avec quelque menues modifications.

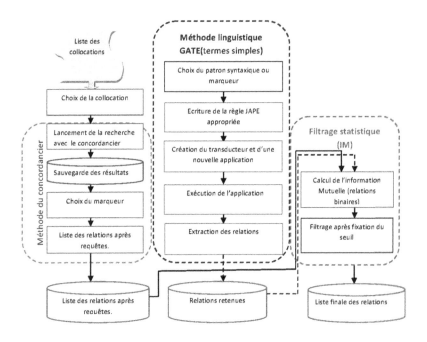

Figure 33: Système d'extraction de relations

3. Description des composants

3.1. Extarction de relations entre termes simples

Pour extraire des relations entre termes simples, nous utilisons GATE, tel que c'est décrit dans *la section 2.3.* Des patrons de relations sont choisis, puis nous écrivons la règle JAPE adéquate, apres avoir créé un nouveau transducteur, nous lui passons la règle comme paramètre, nous chargeons le corpus, ensuite nous créons un nouveau pipeline, constitué de segmenteur et de transducteur. Apres l'execution de l'application le système affiche les relations extraites surlignées.

La premiere relation à laquelle nous nous sommes interessés est la relation de méronymie qui s'exprime entre autre par le patron Nom-من-Nom, exprimant le fait qu'un terme B est une partie d'un terme A.

Figure 34: Règle JAPE pour l'extraction d'une relation de méronymie

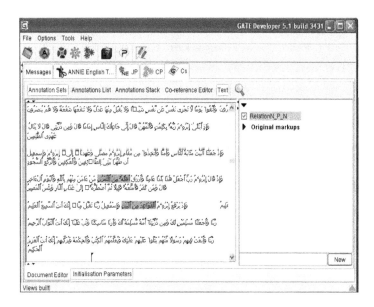

Figure 35: Relation respectant Nom-مِنْ-Nom

Une partie des relations affichées par GATE est donnée par le tableau suivant :

Nom	مِنْ	Nom
العذاب	مِنَ	بمزحزحه
الثمرات	مِنَ	أهله
البيت	مِنَ	القواعد
الناس	مِنَ	السفهاء
النار	مِنَ	بخرجين
المصلح	مِنَ	المفسد
الغي	مِنَ	الرشد
المشرق	مِنَ	بالشمس

Tableau 12: Tableau des resultats de la relation Nom-مِنْ-Nom (Sourate El-Baqara)

Concernant cette relation, il est clair que vu la richesse de la langue arabe, la préposition « مِنْ » introduite entre deux noms peut avoir des sens différents, cela

peut bien exprimer la méronymie par exemple (القواعد من البيت) ou (السفهاء من الناس)
comme elle peut exprimer l'antonymie (المفسد من المصلح) ou (الرشد منَ الغي) Elle
peut également exprimer une relation de (يأتي_من) comme c'est le cas de (الشمس منَ
المشرق). Quant aux (بمزحزحه منَ العذاب) ou (بخرجين منَ النار) c'est dû à la qualité de
l'étiquetage, les noms étant agglutinés à des particules, ont été étiquetés en tant
que nom.

Figure 36: Liste des pharases contenant "من"

Il faut noter que les resultats sont affichés de gauche à droite.

3.2. Extraction de relation entre collocations

En plus des relations entre termes simples nous avons tenté de travailler sur les
relations entre les collocations extraites précédemment. L'utilisation des patrons
dans ce cas aurait relevé d'énormes difficultés compte tenu de la structure qu'il
fallait choisir. Donc l'utilisation de GATE s'est avérée inappropriée avec des
collocations. Nous avons pensé à revenir vers les concordancier.

Le principe est le suivant :

a) On choisit une collocation parmi celles extraites préalablement,

b) On choisit le marqueur de la relation ciblée

c) On lance la recherche avec la collocation suivie de la préposition de la
   relation On sauvegarde les résultats dans une base de données

d) On soumet des requêtes en imposant une contrainte sur le contexte gauche

e) On revient à l'étape a) jusqu'à épuisement

f) On évalue les résultats.

La collocation choisie est soumise au concordancier (voir sa définition dans la *section 2.2.5* du chapitre3). Le concordancier choisi pour ce travail est aConCorde[52]. aConcorde est un outil multilingue pour chercher des concordances, il est doté des fonctions de base d'un concordancier. Développé à l'origine pour la langue arabe, il possède également une interface pour l'Anglais. Ecrit en JAVA, il peut être exécuté sur n'importe quelle plateforme où est installée Java Runtime Environment (**Roberts & al, 2005**). Etant donné un corpus chargé, aConCorde affiche tous ses mots par ordre alphabétique, ainsi que la fréquence de chaque mot. Lorsqu'un mot est choisi, aConCorde affiche alors toutes ses occurrences et ses contextes gauche et droit c'est-à-dire les mots le précédant et ceux lui succédant. Ces contextes se comptent généralement en nombre de caractères ou en nombre de mots.

Les concordances sont alors sauvegardées dans une base de données simple, On choisit la syntaxe d'un marqueur et on soumet une requête respectant ce marqueur, puis on recueille les résultats retournés dans une liste qu'on sauvegarde. Un exemple de relation sur lequel nous avons expérimenté cette approche est le suivant :

Nom-Adjectif-مِن-Nom-Adjectif

---

[52] http://www.andy-roberts.net/coding/aconcorde

Figure 37: Exemple d'utilisation de aConCorde

La recherche de relations entre collocations s'est avérée plus difficile que nous le pensions. Les limites du concordancier et la complexité de la structure des phrases du Coran ont fait que nous n'avons pu obtenir de bons résultats. Le concordancier affichant le même mot défini et indéfini comme deux mots différents, le calcul de la fréquence se trouve biaisé et l'analyse ne peut donner lieu à des résultats fiables. Nous donnerons des perspectives de solutions concernant ce problème dans la conclusion générale.

3.3. Filtrage statistique

Une fois les relations entre termes simples et collocations extraites (nous n'avons obtenu que peu de résultats pour les collocations), nous procédons au calcul de l'information mutuelle pour valider les résultats obtenus.

Nous avons utilisées cette mesure parce qu'elle est l'une des mesures les plus simples pour déterminer la force d'association entre deux ou plusieurs mots et permet de quantifier l'information partagée par des couples de mots ou termes et de repérer les groupes de mots qui apparaissent ensemble plus fréquemment. Cette mesure se base sur l'hypothèse que l'emploi de deux termes en cooccurrence est l'expression d'une relation sémantique entre ces termes.

$$IM(x, y) = \frac{Nf(x, y)}{f(x)\, f(y)}$$

Équation 5: Formule de l'information mutuelle

$f(x)$ et $f(y)$ sont les nombres d'occurrences de mots x et y dans un corpus de taille N, et $f(x, y)$ est la probabilité de les observer simultanément.

Le x et le y ici pouvant designer un terme simple ou composé considéré comme une seule entité et dont la fréquence est déduite de l'étape précédente lors du calcul de la fréquence du terme simple ou de la collocation.

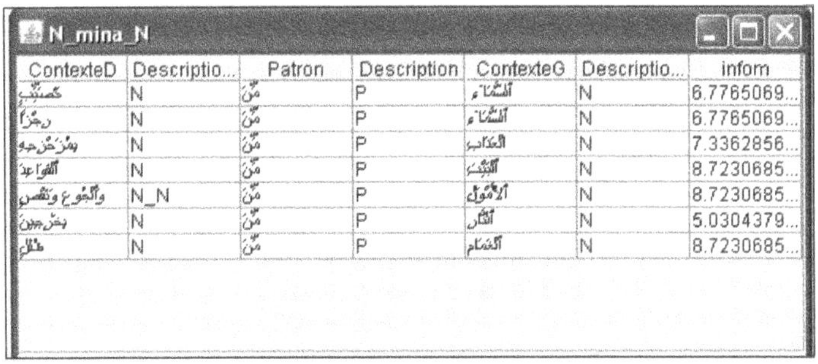

ContexteD	Descriptio...	Patron	Description	ContexteG	Descriptio...	infom
كَسَبُّرٍ	N	مِّنْ	P	أَلشَّنَاءِ	N	6.7765069...
دِرْتُرٍ	N	مِّنْ	P	أَلسَّمَاءِ	N	6.7765069...
بِمُزْخُرَفٍ	N	مِّنْ	P	أَلْعَذَابِ	N	7.3362856...
أَلْقُوَاعِذِ	N	مِّنْ	P	أَلتَّيْنِ	N	8.7230685...
وَأَلْجُوعِ وَتَقْصٍ	N_N	مِّنْ	P	أَلْأَمْوَالِ	N	8.7230685...
بِحَشْرِجِينَ	N	مِّنْ	P	أَلنَّاسِ	N	5.0304379...
طَلْعٍ	N	مِّنْ	P	أَلْطَّعَامِ	N	8.7230685...

Figure 38: Calcul de l'IM pour le filtrage

Après le calcul de l'IM, un seuil est fixé, l'expérience montre que la valeur de 0.6 est raisonnable comme seuil entre des relations acceptables et celles non acceptables. Les relations dont l'IM est supérieur au seuil sont retenues, les autres sont sauvegardées dans un autre fichier. Un expert pourra toujours valider manuellement les relations gardées et puiser dans le second fichier pour récupérer d'autres relations.

4. Discussion et évaluation

Nous avons essayé de déterminer les patrons syntaxiques pouvant représenter les relations de subsomption, de méronymie, antonymie, comparaison et exception en tenant compte de la nature du texte coranique et aussi d'un texte ordinaire pour que la règle soit valable quelque soit le texte traité.

L'exemple du patron de la relation de subsomption peut aussi être de la forme « Nom-Nom » comme « وَاذْكُرْ فِي الْكِتَابِ إِسْمَاعِيلَ إِنَّهُ كَانَ صَادِقَ الْوَعْدِ وَكَانَ رَسُولًا نَبِيًّا » (مريم 54)

ou «Nom-من-Nom » comme dans «الرسل -من- العزم أولو », « Nom-عبارة_عن-Nom ». Où *Nom* représente une étiquette dans le corpus traité. Bien que ce dernier marqueur n'est pas présent dans le coran, il est le marqueur type d'une relation de subsomption dans des textes d'ordre général.

Nous avons essayé des relations de comparaison avec le marqueur « ك ou مثلهم كمثل», le résultat fut une longue liste mais complètement inexploitable du fait de l'ordre des composant de la phrase qui ne sont pas toujours du type *comparé- outil de comparaison- comparant.*

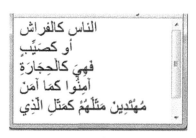

Figure 39: Exemple de phrase contenant des marqueurs de comparaison

La structure complexe du texte coranique rend difficile l'extraction de telles relations. Cela nécessite une désambigüisation et un traitement de la coréférence.

Exemple du verset : (مثل الذين ينفقون أموالهم في سبيل الله كمثل حبة), nous remarquons que dans certains cas, le premier nom peut être exprimé par une longue phrase et que dans d'autres cas un mot peut exprimer aussi toute une phrase ou que la première partie (le comparé) n'est pas immédiatement suivie par la préposition et le second nom (le comparant), entre les deux, nous pouvons trouver une ou deux phrases insérées, composées de verbes, adverbes, particules et conjonctions, c'est l'une des caractéristiques de la langue arabe où l'ordre des composants de la phrase n'est pas unique. Le même problème apparait dans les relations d'exception (Nom-إلا-Nom). La précision était la plus basse du fait que cette relation est généralement utilisée entre deux verbes, comme c'est le cas du verset (أتبع إلا ما يوحى) et les noms retournés ne sont pas le domaine et le rang de la relation. Les deux relations donnent Approximativement le même résultat. Autre problème dû au fait que dans la langue arabe, il ya des verbes transitifs qui ont besoin de deux ou trois compléments, ce qui conduit quelque fois à une fausse annotation.

Au lieu d'utiliser l'étiquette *Nom*, il aurait mieux valu écrire des patrons avec (Nom de sujet =فاعل اسم), (Nom d'objet =مفعول اسم) (Nom d'outil=آلة اسم) (Adverbe de lieu=مكان ظرف) et (Averbe de temps=زمان ظرف) etc. La précision aurait été bien meilleure.

La précision moyenne pour ces types de relations était de 0.51, elle variait entre 0.26 pour la relation d'exception et 0.66 la relation de subsomption.

Outre cela le Coran étant un texte écrit en arabe traditionnel, il n'a pas les mêmes caractéristiques que les autres corpus écrits en arabe standard moderne, ceci affecte également la précision. Cependant les résultats obtenus sont comparables à un travail similaire dans un autre langage, en l'occurrence l'Anglais, Roberts **(Roberts & al, 2007)** obtient une F.mesure de 0.7 pour l'extraction d'entités à partir de textes cliniques en Anglais. La majorité de ces problèmes (étiquetage, ambigüité linguistique, arabe traditionnel) sont présents dans toutes les étapes puisque le travail se fait sur le même corpus.

Pour évaluer la méthode utilisée, nous avons procédé au calcul de la précision avant puis après le filtrage. Nous avons noté une amélioration sensible de la précision après avoir appliqué la méthode statistique.

Approche	Précision
Linguistique	0.57
Après Filtrage	0.66

Tableau 13: Précision avant et après le filtrage par la méthode statistique

Dans cette précision, nous n'avons pas tenu compte des relations correctes extraites mais avec le patron d'un autre type de relation.

Prenons l'exemple de Nom-من-Nom (المفسد من المصلح) et (الرشد من الغي) qui expriment bien une relation d'antonymie, mais elles sont obtenues alors qu'on cherchait une relation de méronymie. Même exemple pour (بالشمس من المشرق) qui exprime quant à elle une relation (يأتي_من) dépendante du corpus.

Nom	مِنْ	Nom	
المصلح	مِنْ	المفسد	Acceptée ?
الغي	مِنْ	الرشد	Acceptée ?
المشرق	مِنْ	بالشمس	Acceptée ?

Tableau 14: Relations correctes mais extraites avec le patron d'une autre relation.

Pour améliorer, la précision nous proposons un affinage de l'étiquetage de telle sorte que l'on puisse faire la différence entre nom de sujet, nom d'objet, nom d'outils, adverbe de lieu et adverbe de temps et l'écriture de règles plus complexes prenons en compte ces nouvelles étiquettes.

5. Conclusion

La méthode que nous venons de proposer consiste en l'application d'une méthode linguistique basée sur des grammaires pour l'extraction de termes et de relations, filtrée par une approche statistique utilisant une métrique qui a donné de bons résultats dans ce domaine en l'occurrence l'information mutuelle.

Cette méthode n'est pas encore parfaite, beaucoup de chose reste à faire, beaucoup de zones à explorer, mais elle a au moins le mérite d'avoir défriché un terrain jusque là inexploité. Nous avons mis la lumière sur beaucoup de points d'ombre concernant la construction d'ontologies à partir de textes arabes. Le traitement du Coran nous a permis de découvrir à quel point les programmes existants ne sont pas encore en hauteur d'explorer les merveilles du texte saint. Nous espérons que des travaux continuent dans ce sens pour mettre à la disposition de tout le monde un outil facile permettant de naviguer dans l'interprétation du Coran autant que dans ses mots.

Partie IV : Formalisation et opérationnalisation

1. Introduction

Les méthodes formelles jouent un rôle crucial dans le développement des technologies du Web sémantique et ont pour but d'assurer leur fiabilité et leur sécurité. Les techniques de modélisation et de vérification peuvent être utiles dans les différents niveaux de la conception et du déploiement des ontologies (**Chaâbani & al, 2009**). Parmi ces méthodes les logiques de description en sont un outil très puissant par la variété de ses différents langages.

Dans une ontologie formalisée, nous pouvons vérifier la consistance, et calculer la hiérarchie des classes, elle permet aussi de compléter et valider le modèle construit.

A notre connaissance, c'est la première fois qu'une ontologie en arabe est formalisée avec la logique de description pour que, une fois terminée elle puisse être intégrée dans n'importe quelle application et qu'on puisse raisonner dessus. La formalisation peut bien être faite avec les frames[53], les graphes conceptuels[54], le formalisme-Z[55], LIFE[56]ou une logique de description[57].

2. Formalisation des concepts

2.1. Les logiques de description

Les logiques de descriptions sont une famille de formalisme pour la représentation des connaissances dans différents domaines notamment dans les ontologies. Dans une base de connaissance en logique descriptive, on distingue la TBox (niveau Terminologique) et la ABox (niveau Assertionnel). La première contient tous les axiomes définissant les concepts du domaine, comme la définition de « رسول » qui est un « نبي» qui a en plus « *a un message de Dieu à transmettre à un peuple*» par exemple. La ABox contient les assertions sur les individus en spécifiant leurs classes et leurs attributs. C'est dans la ABox qu'on trouvera que « عيسى » est un « نبي » qui en plus a un message à un peuple « بنو_اسرائيل». Dans la TBox on est

---

[53] http://www.learningwebdesign.com/pdf/frames.pdf
[54] http://www.jfsowa.com/cg/cg_hbook.pdf
[55] http://www.ppig.org/papers/14th-triffitt.pdf
[56] http://www.cs.uiowa.edu/~fleck/lifeIntro.pdf
[57] http://www.cs.man.ac.uk/~horrocks/Publications

intéressé à savoir si tous les concepts sont consistants, par exemple que si deux classes « مؤمن » et « كافر » sont disjointes, on ne doit trouver une sous-classe communes aux deux. C'est aussi dans la TBox qu'on exprime la relation de subsomption, par exemple si on a que « نبي » *est_un* « إنسان » et qu'on a que « رسول » *est_un* « نبي » alors on déduit automatiquement que « رسول » est un « إنسان ». Toutes fois il existe pour notre ontologie des inconsistances avec lesquelles on doit travailler comme tout « إنسان » descend de « ذكر » et « أنثى » et que « عيسى » est un « إنسان » mais ne descend pas de « ذكر » et « أنثى ». Outre cela, nous avons été appelés à compléter la hiérarchie avec des termes générique quand cela s'est avéré nécessaire.

2.2. AL : La base des logiques de description

Les logiques de description varient, de La base qui est le langage **AL** (attributive language), jusqu'à celles avec une complexité exponentielle comme c'est le cas pour SHIF or SHIQ (**Papini, 2002**).

Le degré d'expressivité du langage AL est limité, mais il peut convenir à une utilisation qui ne nécessite pas un haut degré d'expressivité. Les descriptions possibles dans le langage AL sont les suivantes (notons que les concepts ou rôles atomiques ou primitifs, constituent les entités élémentaires d'une TBox tels que « نبي » et « رسول », alors que les concepts et les rôles composés ou définis sont ceux combinés au moyen de constructeurs tels que « رسول ∩ نبي » (**Napoli, 1997**)).

2.2.1. Syntaxe du langage AL

En supposant que A est un concept atomique et que C et D peuvent être atomiques ou complexes (**Gagnon, 2004**) nous avons:

A	Concept atomique
T	Concept universel
⊥	Concept impossible
¬ A	Négation atomique

$C \cap D$	Intersection de concepts
$\forall R.C$	Restriction de valeur
$\exists R. T$	Quantification existentielle limitée

Tableau 15: La syntaxe du langage AL

Le concept le plus générique est la racine désignée par T. $\perp$ est le concept le plus spécifique, le constructeur *et* $\cap$ définit une conjonction et le symbole $\neg$ exprime une négation. Le quantificateur universel *tous* ($\forall r.C$) donne le co-domaine du rôle r, alors que le quantificateur existentiel *quelque* ($\exists r$) exprime le fait qu'il y a au moins un couple d'individus reliés par la relation (ou rôle) r.

2.2.2. Sémantique du langage AL

La sémantique du langage AL fait appel à la théorie des ensembles. A chaque concept est associé un ensemble d'individus. Une interprétation suppose l'existence d'un ensemble non vide Δ qui représente des entités du monde décrit. Soit une fonction d'interprétation I, qui associe à chaque description un sous-ensemble de Δ. On suppose que pour chaque concept atomique A, la fonction $I(A)$ associe un sous-ensemble $A^I \subseteq \Delta$, et pour chaque relation atomique R, une relation binaire $R^I \subseteq \Delta x \Delta$. La fonction d'interprétation est définie ainsi :

$I(T) = \Delta$
$I(\perp) = \Phi$
$I(\neg A) = \Delta \setminus A^I$
$I(C \cap D) = I(C) \cap I(D)$
$I(\forall R.C) = \{a \in \Delta \mid \forall b. (a, b) \in I(R) \rightarrow b \in I(C)\}$
$I(\exists R. T) = \{a \in \Delta \mid \exists b. (a, b) \in I(R)\}$

Tableau 16: Sémantique du langage AL

De plus on définit le concept d'axiome terminologique qui est en fait toute formule de la forme suivante :

$$C \subseteq D \ \text{ou} \ C \equiv D$$

La première forme déclare que toute entité de la classe C appartient aussi à la classe D, alors que la seconde indique que les concepts C et D sont équivalents, c'est-à-dire que si un individu b appartient à la classe C, il appartient nécessairement à la classe D et vice versa.

Leur sémantique est :

$$I(C \subseteq D) = \text{vrai} \ \text{si} \ I(C) \subseteq I(D)$$

$$I(C \equiv D) = \text{vrai} \ \text{si} \ I(C) = I(D)$$

Une définition est un axiome de la forme $C \equiv D$ où C est un concept atomique. Elle sert à associer un nom à un concept complexe.

Nous pouvons bien sûr définir d'autres constructeurs pour obtenir d'autres langages tells que:

ALU = AL $\cup$ (C $\cup$ D): disjonction (Union).
ALC = AL$\cup$ {¬c} c est un concept défini ou combiné. ALC (AL avec le Complément) est le langage le plus important.

2.2.3. Les deux niveaux de description

Dans ce qui suit nous allons présenter la formalisation des concepts et relations Avec le langage AL. Comme nous l'avons mentionné plus haut, en logique des descriptions il existe deux niveaux: le terminologique et l'assertionnel.

2.2.3.1. Le niveau terminologique ou TBox

La TBox décrit la connaissance générale d'un domaine particulier, elle inclut les définitions des concepts et des rôles et contient le modèle du monde en termes de concepts leurs propriétés et les relations entre les concepts.

Figure 40: Représentation des concepts et relations (Zaidi & al., 2012b)

Nous pouvons exprimer ces concepts et ces relations ainsi:

رسول ⊑ ∀ ينتمي-إلى . قبيلة   (un messager appartient seulement à une tribu)

قبيلة _عندها_ كتاب ⊑ قبيلة   (une tribu_avec_un_livre est une tribu)

نبي ⊑ ∃ بعث_إلى . قبيلة   (un prophete est envoyé à au moins une tribu)

Nous avons notés le type de relations suivantes:

- L'identité: (كتاب، كتاب)
- La synonymie : (العرش، روح_القدس), (جبريل ،يعقوب), (إسرائيل، يعقوب), (مكة، بكه)
- La classification (الرسول، النبي)
- L'antonymie : (ذكر،انثى), (مؤمن، كافر)
- L'équivalence : (نعمة ، فضل _ من _ الله)

Et quelques propriétés comme la réflexivité dans :

- (قوم، قوم) لا_يسخر_من
- (مؤمن، مؤمن) أخ

2.2.3.2.   Le niveau assertionnel (factuel) ou ABox

Il décrit les individus en les nommant et en spécifiant les assertions, en termes de concepts et de rôles. Plusieurs ABox peuvent être associées à une même TBox. Chacune d'elles montre une configuration constituée par des individus et utilise les concepts et les rôles de la TBox pour l'exprimer.

Considérons l'exemple suivant, tiré de notre corpus:

Concept1	Relation	Concept2
رسول	انزل_عليه	كتاب

Avec « عيسى» comme instance du concept « رسول » et « الإنجيل » comme instance du concept « كتاب » et la relation « انزل_عليه ». La   TBOx et la   ABOx correspondantes sont:

```
T-BOX

رسول ≐ انسان∩ ∃اسمه. string

∩ ∃قبيلة . string

∩ ∃انزل عليه. كتاب

⊑ ∃ بعث_إلى. قبيلة

ABOX

رسول: عيسى

كتاب: الإنجيل

بعث_إلى (عيسى، بنو_إسرائيل)

انزل_عليه (عيسى، الإنجيل)
```

Figure 41: Exemple de TBox et de ABox associée

Soit l'interprétation suivante:

Δ = { محمد، عيسى، موسى، إبراهيم، داوود، صالح، شعيب، القرآن، الإنجيل، التوراة، الزابور، الصحف،
بنو_إسرائيل، مدين، قريش، ثمود، العراق}

$نبي^I$ = { محمد، عيسى، موسى، إبراهيم، داوود، شعيب، صالح }

$رسول^I$ = { محمد، عيسى، موسى، إبراهيم، داوود }

$قبيلة^I$ = { بنو_إسرائيل، مدين، قريش، ثمود، العراق }

$انزل_عليه^I$ = {(محمد،القرآن),(عيسى، الإنجيل),(موسى،التوراة),(داوود، الزابور),(إبراهيم، الصحف)}

$ينتمي_إلى^I$ = {(محمد، قريش) ,(عيسى، بنو_إسرائيل),(موسى، بنو_إسرائيل), (داوود، بنو_إسرائيل),
(شعيب، مدين), (إبراهيم، العراق) (صالح، ثمود)}

Alors :

$(نبي⌐رسول)^I$ ={ شعيب، صالح }

$نبي¬^I$ = { القرآن، الإنجيل، التوراة، الزابور، الصحف، بنو_إسرائيل، مدين، قريش، ثمود، العراق }

$(∃بعث_إلى. قبيلة)^I$ = {(محمد، قريش)}

104

مدين)،(بنو_إسرائيل ،داوود) ، بنو_إسرائيل ،موسى)،(بنو_إسرائيل ،عيسى) }=ᴵ(قبيلة .بعث_إلى(∀)

{ (ثمود ،صالح) (العراق ،إبراهيم) ،(شعيب

Pour formaliser les concepts, un éditeur a été spécialement développé parce que tous les éditeurs existants ne pouvaient supporter les caractères arabes avec les symboles mathématiques requis par la logique de descriptions.

Le nouvel éditeur a une syntaxe spécifique qui respecte la grammaire de la LD. Il contient les deux parties Terminologique (TBox) et factuelle (ABox) et il permet d'importer un fichier LD pour le réutiliser (**Zitouni, 2010**).

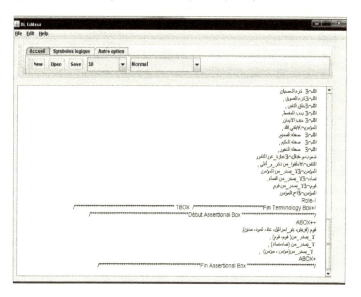

Figure 42: Editeur pour la manipulation des caractères arabes et des symboles mathématiques

3. Opérationnalisation de l'ontologie

Pour la phase d'opérationnalisation et afin de tester notre fichier LD obtenu, nous avons essayé de l'utiliser dans une application (**Djabourabi, 2011**), pour montrer que notre ontologie, une fois complétée et formalisée, peut être intégrée dans n'importe quel système dans le but d'exploiter le fichier LD. Pour cela une application simple a été créée dans le but d'opérationnaliser l'ontologie cette application prend en entrée un fichier LD qui doit représenter l'ontologie formalisée et produit en sortie la visualisation de la hiérarchie des concepts, les relations, les propriétés et les instances et qui permet de rechercher un concept dans l'arbre conceptuel ou mettre à jour la structure ontologique par l'ajout de nouveaux concepts, la modification ou la suppression et ce soit directement de l'interface de l'application ou en mettant à jour le fichier LD à l'aide de l'éditeur conçu à cette fin.

Figure 43: Interface utilisateur du navigateur de l'ontologie

Cette application n'est qu'un essai, l'ontologie peut être intégrée dans d'autres systèmes comme l'expansion d'une requête en rajoutant des hyperonymes afin

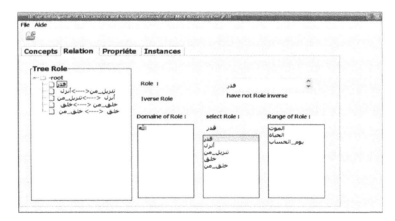

Figure 44: Visualisation des relations

106

d'améliorer le rappel ou des hyponymes pour améliorer la précision. Elle serait également d'une aide considérable pour des applications de brainstorming dans le sens où elle fournit à l'utilisateur des termes en relation avec un éventuel projet.

4. Conclusion

Nous avons présenté dans ce chapitre l'essentiel de notre travail qui se résume en quatre parties, la première nous l'avons dédiée à l'extraction des termes simples à l'aide d'une approche statistique basée sur tf-idf, notons qu'on aurait pu utiliser GATE pour retrouver des noms en tant que termes et nous pouvons filtrer les résultats avec tf-idf. La seconde partie concerne la recherche des collocations avec une méthode hybride d'abord linguistique puis les résultats obtenus sont filtrés avec une méthode statistique utilisant l'information mutuelle comme mesure de cohésion entre les termes. La troisième traite de l'extraction de relations sémantiques entre termes simples ou collocations préalablement retrouvés, elle repose aussi sur la succession des deux mêmes approches mentionnées. Dans la dernière partie nous avons présenté la formalisation des concepts avec l'un des formalismes de représentation de connaissances les plus puissants, qui est la logique de description. Enfin nous avons contribué à la conception d'une application pour expérimenter l'utilisation du fichier LD créé avec un éditeur développé à cette fin, puisque les éditeurs existants ne permettaient pas la manipulation des caractères arabes avec les symboles mathématiques utilisés en logique de description. L'objectif étant de rendre l'ontologie construite opérationnelle, cette application permet la recherche, la visualisation et la mise à jour des concepts.

5. Conclusion et Perspectives

Les travaux dans le domaine d'extraction de connaissances, dans leur majorité, ont traité un seul type de termes soit simples soit composés, nous avons essayé d'en extraire et les simples et les collocations. Quant aux relations, certains travaux se sont orientés dans l'extraction de la relation de subsomption, d'autres ont traité les relations de causalité. Nous avons opté pour une démarche intuitive, nous nous sommes intéressés aux relations qui paraissaient les plus évidentes en fonction des termes dont nous disposons et dont les marqueurs sont souvent utilisés dans tout type de corpus.

Dans le cadre de cette thèse, nous nous sommes intéressés aux méthodes d'extraction des termes simples et sous forme de collocations ainsi qu'à l'extraction de relations à partir de corpus arabes. Nous avons présenté le problème de la construction semi-automatique d'ontologies et nous l'avons appliqué sur le texte coranique. Nous avons souligné les difficultés rencontrées lors des différentes étapes de constructions comme la structure complexes des phrases devant le manque d'outils adéquats pour la désambiguïsation et la résolution des coréférences. Le manque de travaux dans ce domaine a fait que nous ne pouvions opter en faveur d'une technique au détriment d'une autre. C'est essentiellement pour cette raison que, nous avons essayé une méthode dans la deuxième partie, puis nous l'avons abandonnée parce qu'elle ne donnait aucune amélioration.

Au niveau de la formalisation, nous avons été contraints de construire un éditeur qui puisse supporter les caractères arabes et les symboles mathématiques, les éditeurs existants ne pouvaient supporter les deux. La formalisation des relations a été une tâche difficile parce qu'on ne disposait d'aucune référence. Ce fût un travail minutieux et itératif pour obtenir un exemple de fichier LD acceptable, plus pénible encore la conception de l'application pour l'exploiter et la réaliser. A la fin, nous avions une idée globale et plus claire sur ce qu'il fallait compléter ou qui restait à améliorer.

Nous avons considéré la sourate comme un document et la différence de taille a fait que ces documents étaient très hétérogènes par rapport à leur taille, les méthodes comme celle basée sur tf-idf exigeait des documents approximativement de même longueur, en effet la sourate Al-Baqarah compte 286 versets alors que Al Kawthar ne comporte que 3 versets.

Comme perspectives nous envisageons de partitionner le texte coranique non plus en sourate mais en hizb ou en jouz'a, cela pourrait résoudre le problème de l'homogénéité des documents.

Le travail présenté ici, a été effectué étape par étape en quatre parties, comme travail futur, qui sera un vrai travail se synthèse, nous proposons le développement d'une plateforme complète à partir de laquelle nous pouvons accéder à toutes les fonctionnalités du système, en l'occurrence : la construction de corpus à partir de documents sur disque dur ou sur le Web, l'analyse et le prétraitement de ce corpus, l'extraction des termes simples, l'extraction des termes composés, l'identification des relations entre termes simples d'un coté et entre termes composés de l'autre, la formalisation, l'édition de l'ontologie, sa mise à jour et sa restructuration pour corriger d'éventuelles anomalies structurelles ou sémantiques, ce point est un travail innovateur et d'actualité. En plus de la possibilité de l'intégrer dans une application pour l'amélioration de la recherche d'information sur le Web. Nous proposons également le travail avec étiquetage plus affinés et l'écriture de règles JAPE plus complexes pour améliorer la précision. Nous proposons aussi d'utiliser d'autres métriques que les tf-idf et l'IM, puis les comparer pour voir laquelle donnerait les meilleurs résultats aussi bien pour les termes que pour les relations. Concernant l'utilisation du concordancier, nous proposons soit la recherche de concordancier plus développé avec des fonctionnalités complexes soit le traitement du corpus avant l'utilisation du concordancier pour avoir des fréquences plus significatives.

Si le titre porte le mot *plateforme*, ce qui était l'objectif au début du travail, les choses se sont avérées beaucoup plus difficiles, vu le manque de références et d'outils spécialisés, mais ce qui reste à faire est juste un travail de synthèse et quelques améliorations à différents niveaux pour obtenir un produit fini et fonctionnel dans les domaines utilisant la langue arabe. C'est la suite que nous allons donner à ce travail de recherche.

6. Références et bibliographie

مصحف التجويد كلمات القرآن تفسير و بيان مع فهرس مواضيع القرآن، دار المعرفة الطبعة التاسعة مطبعة الثريا دمشق 2010.

Abdelali A., Cowie J.R., Farwell D., Ogden W.C., (2004). *UCLIR: a Multilingual Information Retrieval Tool*. Inteligencia Artificial, Revista Iberoamericana de Inteligencia Artificial 8(22): 103-110.

Amari S., (2009). *Extraction d'information à partir des textes arabes à l'aide de l'outil Gate,* mémoire de master, Université d'Annaba.

Assadi H., (1998). *Construction d'ontologies à partir de textes techniques, Application aux systèmes documentaires*. Thèse de doctorat. Université Paris 6.

Assadi H., Bourigault D., (1996). Ac*quisition de connaissances à partir de textes: Outils informatiques et éléments méthodologiques*.   Actes du dixième congrès Reconnaissance de Formes et Intelligence Artificielle (RFIA' 96), pp 505-514. Rennes.

Atwell E. et Al-Sulaiti L., Al-Osaimi S., Abu Shawar B., (2004). *A Review of Arabic Corpus Analysis Tools*. JEP-TALN 2004, Arabic Language Processing, Fez, 19-22 April 2004 School of Computing, University of Leeds, Leeds LS2 9JT, England.

Azé J., Heitz T., (2004). *Cours sur la Fouille de textes et Apprentissage*, (2004), disponible sur : http://www.lri.fr/~aze/enseignements.php.

Bachimont B. (2000). *Engagement sémantique et engagement ontologique : conception et réalisation d'ontologies en ingénierie des connaissances*. In R. Teulier, J. Charlet & P. Tchounikine, Coordinateurs, Ingénierie des connaissances, chapitre 19. Paris

Baloul, S., (2003). *Développement d'un système automatique de synthèse de la parole à partir du texte arabe standard voyellé,* Thèse de doctorat, Université du Maine, Académie de Nantes, France.

Baneyx A., (2007). *Construire une ontologie de la pneumologie, aspects théorique, modèles et expérimentations*. Thèse de doctorat, Université Pierre et Marie Curie.

Baneyx A., & Charlet, J., (2006). *Évaluation, évolution et maintenance d'une ontologie en médecine: état des lieux et expérimentation*, Revue I3 ; SI 2006 special issue on Ontological ressources.

Banouni M., Lazrek A., Sami K., (2002). *Une translittération arabe/roman pour un e-document,* Trans-Tec, CFD'02 - CIDE'5.

Béchet N., (2009). Extraction et regroupement de descripteurs morpho-syntaxiques pour des processus de Fouille de Textes, Thèse de doctorat, Université de MontpellierII.

Beguin A., Jouis C., Widad M., (1997). *Evaluation d'outils d'aide à la construction de terminologie et de relations sémantiques entre termes à partir de corpus.* Premières Journées Scientifiques et Techniques (JST) du réseau Francophone de l'ingénierie de langue de l'AUPELF-UREF, pp 419-425. Avignon.

Benmazou S., (2009). *Adaptation d'UNITEX pour l'extraction de concordances à partir de textes arabes,* mémoire de master, Université d'Annaba.

Bernhard D., (2006). *Apprentissage de connaissances morphologiques pour l'acquisition automatique de ressources lexicales,* Thèse de doctorat, Université Joseph Fourier – Grenoble.

Biebow B., Szulman S., (2000). *Une approche terminologique pour la construction d'ontologie de domaine à paritr de textes : TERMINAE.* Actes du douzième congrès Reconnaissance de Formes et Intelligence Artificielle (RFIA' 2000), pp 81-90. Paris.

Bodson C., (2004). *Termes et relations sémantiques en corpus spécialisés : rapport entre patrons de relations sémantiques (PRS) et types sémantiques (TS)* Thèse de doctorat, Université de Montréal.

Boulaknadel S. (2008). *Traitement Automatique des Langues et Recherche d'Information en langue arabe dans un domaine de spécialité : Apport des connaissances morphologiques et syntaxiques pour l'indexation,* Thèse de doctorat, Université de Nantes.

Bourigault D., (1994). *LEXTER, Un logiciel d'Extraction de TERminologie. Application à l'acquisition de connaissances à partir de textes.* Thèse de doctorat. EHESS.

Bourigault D., Jacquemin C., (2000). *Construction de ressources terminologiques.* In Ingénierie des langues, pp 215-230, ed. J.M. Pierrel. Hermes Sciences.

Chaabani M., Mezghiche M., Strecer M. (2009). *Formalisation de la logique de description ALC dans l'assistant de preuve Coq,* JFO 2009 December 3-4 (2009) Poitiers, France.

Charlet J., Bachimont B., Bouaud J., Zweigenbaum P., (1996). *Ontologie et réutilisabilité :expérience et discussion.* In N. Aussenac-Gilles, P. Laublet & C. Reynaud, Coordinateurs, Acquisition et ingénierie des connaissances : tendances actuelles, chapitre 4, p. 69–87. Cepaduès-éditions.

Church K., Hanks P., (1989). *Word Association Norms, Mutual Information, and Lexicography*, dans Computational Linguistics, vol. 16, no 1, mars, p. 22-29.

Condamines A., Rebeyrolle J., (1997). *Construction d'une base de connaissances terminologiques à partir de textes : expérimentation et définition d'une méthode.* Actes des journées d'Ingénierie des Connaissances et Apprentissage Automatique (JICAA' 97), pp 191-206. Roscoff.

Corcho O., Fernandez-Lopez M., Gomez-Pérez A., Lopez-Cima A. (2005). *Building legal ontologies with METHONTOLOGY and WebODE,* In Law and the Semantic Web, number 3369 in LNAI, pages 142–157. Springer-Verlag, 2005.xviii, 109, 111
Disponible sur *http://www.cs.man.ac.uk/~ocorcho/documents/LawSemWeb2004_CorchoEtAl.pdf.*

Cowie, J., Jin, W., Abdelali, A., Mansouri Rad, H. (2004). *CRL Language Resources: Chinese and Arabic .* Memoranda in Computer and Cognitive Science MCCS-04-333.

Cunningham, H., Maynard, D., Bontcheva, K., Tablan, V., Dimitrov, M., Aswani, N., Roberts, I., (2006). *Developing language processing components with Gate version 3.1 (a user guide).*

Cunningham H., Maynard D., Bontcheva K., and Tablan V., (2002). *GATE: A Framework and Graphical Development Environment for Robust NLP Tools and Applications.* In Proceedings of the 40th Anniversary Meeting of the Association for Computational Linguistics (ACL'02).

Daille B., (1994). *Approche mixte pour l'extraction de terminologie : statistique lexicale et filtres linguistiques.* Thèse de doctorat, Université de Paris 7.

Daoust F., (1992). *SATO (Système d'Analyse de Textes par Ordinateur) version 3.6 : Manuel de Référence.* Centre ATO Université du Québec à Montréal.

David S., Plante P. (1990). *De la nécessité d'une approche morpho-syntaxique dans l'analyse de textes.* Intelligence Artificielle et Sciences Cognitives au Québec, 3(3), 140–154.

Debili F., Achour, H., (1998). *Voyellation automatique de l'Arabe*, Proceeding Semitic '98 Proceedings of the Workshop on Computational Approaches to Semitic Languages.

Dias G., (2002). *Extraction automatique d'associations lexicales à partir de corpora.* Thèse de Doctorat, Université d'Orléans.

Djabourabi M. (2011). *Utilisation d'un fichier LD pour la visualisation de concepts en arabe*, Mémoire de master, Université d'Annaba.

Douzidia F. S., (2004). *Résumé automatique de texte arabe*, Mémoire de M.Sc en informatique Université de Montréal, Québec.

Drouin P., (2002). *Acquisition automatique des termes : l'utilisation des pivots lexicaux spécialisés*, Thèse de doctorat, Université de Montréal.

Dubois J., Guespin L., Giacomo M., Marcellesi C., MÉVEL J., (1994), *Dictionnaire de linguistique et des sciences du langage*. Collection Trésors du Français, Larousse. Paris. 1994.

Enguehard C., (1993). *ANA, Apprentissage Naturel Automatique d'un réseau sémantique*. Thèse de doctorat. Université de Compiègne.

Faure D., Poibeaut T., (2000). *Extraction d'information utilisant INTEX et des connaissances sémantiques apprises par ASIUM, premières expérimentations*. Actes du douzième congrès Reconnaissance de Formes et Intelligence Artificielle (RFIA' 2000), pp 91-100. Paris.

Fernandez M., Gomez-Pérez A., Juristo N., (1997). *Methontology: from ontological art towards ontological engineering.* In Spring Symposium Series on Ontological Engineering, National Conference of the American Association on Artificial Intelligence (AAAI).

Fotzo H.N., Gallinari P., (2004) *Information access via topic hierarchies and thematic annotations from document collections.* In International Conference on Enterprise Information Systems, pages 69-76.

Gagnon M., (2004). *Logique descriptive et OWL,*Cours disponible sur: http://www.cours.polymtl.ca/inf6410/Documents/logique_descriptive.pdf

Gandon F. (2002). *Ontology Engineering : a Survey and a Return on Experience.* Rapport interne 4396, INRIA. 181 p., ISSN 0249-6399

Garcia D., (1998). *Analyse automatique des textes pour l'organisation causale des actions, Réalisation du système informatique COATIS.* Thèse de doctorat, Université de Paris -Sorbonne.

Gomez-Pérez A. (2004). *Ontology Evaluation*, In S. Staab & R. Studer, Coordinateurs, Handbook on Ontologies, chapitre, p. 251–275. Handbooks in Information Systems. Springer.

Grefenstette G., (1994). *Explorations in automatic thesaurus discovery*, Kluwer Academic Publishers. Boston.

Gruber T. (1993). A *translation approch to portable ontology specifications*. Knowledge acquisition, 5(2), 199–220.

Hadj henni M. (2007). *Approche ontologique pour la modélisation sémantique, l'indexation et l'interrogation des documents Coraniques*, Mémoire de Magister, Ecole Supérieur d'Informatique (E.S.I) Alger.

Harrathi F., (2009). *Extraction de concepts et de relations entre concepts à partir des documents multilingues : approche statistique et ontologie*, thèse de doctorat, Institut national des sciences appliquées de Lyon.

Harris Z. S., (1968*). Mathematical structures of language*. Wiley, New York.

Hearst M., (1992). *Automatic Acquisition of Hyponyms from Large Text Corpora,* In Proceedings of the 13th international Conference On Computational Linguistics (COLING), pp 539-545. Nantes.

Heitz, T., (2006). *Modélisation du prétraitement des textes,* In Proceedings, JADT 8ème Journées internationales d'Analyse statistique des Données Textuelles, France.

Heitz T., (2008). *Une méthode pour le prétraitement des textes : dépendances entre traitements et leur intelligibilité*, Thèse de doctorat, Université Paris-Sud 11.

Isaac, A., (2005). *Conception et utilisation d'ontologies pour l'indexation de documents audiovisuels,* Thèse de doctorat, Université Paris IV – Sorbonne.

Jarrar M., Ayesh S., Al-Badawi M., Samara H. (2010). *Towards Building An Arabic Ontology*. Technical Report, Faculty of Information Technology, Birzeit University.

Jouis C., (1993*). Contribution à la Conceptualisation et à la Modélisation des connaissances à partir d'une analyse linguistique de textes. Réalisation d'un prototype: le système SEEK*. Thèse de doctorat, EHESS.

Khurshid A., (1996). *Language engineering and the processing of specialist terminology*, http://www.computing.surrey.ac.uk/ai/pointer/paris.html, 27 juin 1996.

Khurshid A., Fulford H., (1992). *Knowledge processing 4. Semantic relations and their use in elaborating terminology*, in Computing Sciences Technical Report CS-92-07, Guildford, Surrey.

Klai S., Khadir M-T., (2009). *Datat based Ontology Construction coupled to Expert System for Steam Turbine Aided Diagnostic,* Published in ewic journal:

Electronic Workshops in Computing Series (eWiC: http://ewic.bcs.org, ISSN 1477-9358), The British Computer Society (BCS).

Koeva S., Maurel D., Silberztein M., (2007). *Formaliser les langues avec l'ordinateur : de Intex à Nooj* Presses Univ. Franche-Comté, 2007 - 438 pages.

Lalaouna Y., (2009). *Adaptation de l'outil Exit pour l'extraction d'information arabe,* mémoire de master, Université d'Annaba.

Lanani F., (2010). *Utilisation d'Aramorph pour l'extarction de mots arabes,* Mémoire de Master, Université d'Annaba.

Lebart L., Salem A. (1988). *Analyse statistique des données textuelles.* Paris : Dunod, Bordas.

Lebhour F-Z, (2009). *Extraction d'information arabe à l'aide de NOOJ,* mémoire de master, Univeristé d'Annaba.

Le Priol F., Chevallet J -P., Brunadet M-F., Desclès J-P., (1998). *Intégration d'un système statistique (IOTA) et d'un système sémantique (SEEK) dans une chaîne de traitement permettant l'extraction de terminologies,* Actes Ingénierie des Connaissances (IC' 98), pp 33-40. Pont-à-Mousson.

L'Homme M.-C. (2001). *Nouvelles technologies et recherche terminologique. Techniques d'extraction des données terminologiques et leur impact sur le travail du terminographe.* In L'impact des nouvelles technologies sur la gestion terminologique, Toronto.

Lounis,L., (2009). *REMARAB :Un outil de recherche et d'extraction de mots à partir d'un texte arabe(Application sur le saint-Coran,* Mémoire de Master, Université d'Annaba.

Malaisé V., (2005). *Méthodologie linguistique et terminologique pour la structuration d'ontologies différentielles à partir de corpus textuels,* Thèse de doctorat, Université Paris 7 – Denis Diderot France.

Maynard D., Aswani, N. (2009). *Annotation and evaluation,* tutorial summer school, University of Sheffield.

Mesfar S. (2008). *Analyse morpho-syntaxique automatique et reconnaissance des entités nommées en arabe standard,* Thèse de doctorat, Université de Franche-Comte, France.

Mhiri M, Gargouri F, Benslimane D, (2006). *Détermination automatique des relations sémantiques entre les concepts d'une ontologie,* In Proceedings of INFORSID'2006. pp.627~642

Mizoguchi R. and Ikeda M. (1997). *Towards Ontology Engineering,* Technical Report AI-TR-96-1, I.S.I.R., Osaka University, Japan.

Morin E., (1999). *Extraction de liens sémantiques entre termes à partir de corpus de textes techniques.* Thèse de doctorat, Université de Nantes.

Napoli A. (1997). *Une introduction aux logiques de descriptions* N° 3314 Décembre 1997 thème 3 rapport de stage.

Nardi D, Brachman R. (2003). *The Description Logic Handbook : Theory, Implementation and Applications,* chapitre An introduction to description logics., p. 544. Cambridge University Press.

Noy N. F., McGuinness D. L., (2000). *Développement d'une ontologie 101 : Guide pour la création de votre première ontologie,* Université de Stanford.

Papini O., (2002). *Introduction au WEB Sémantique, Cours 3 : Introduction aux logiques de description,* ESIL Université de la méditerranée, http://odile.papini.perso.esil.univmed.fr/index.html.

Patil L., Dutta D., Sriram R. (2005).*Ontology formalization of product semantics for product lifecycle management.* Proc. ASME/IDETC CIE Conf., Long Beach, CA

Paumier S., (2009)., *Unitex2.0, user manual,* UniversitéParis-EstMarne-la-Vallée,

Perron, J. (1996). *ADEPTE-NOMINO : un outil de veille terminologique,* dans Terminologies nouvelles, no 15, juin et décembre, Bruxelles, RINT, p. 32-47.

Piwowarski, B, (2003). *Techniques d'apprentissage pour le traitement, d'informations structurées : Application à la recherche d'information,* Thèse de doctorat, Université Paris 6.

Plamondon, L., (2004). *L'ingénierie de la langue avec GATE,* RALI/DIRO, Université de Montréal.

Roberts Andrew., Al-Sulaiti L., Atwell E., (2005). *aConCorde: towards a proper concordance for Arabic,* in P. Danielsson and M. Wagenmak ers (eds.) Proceedings of the Corpus Linguistics 2005 Conference, University of Birmingham, UK.

Roberts Angus, Gaizauskas R., Hepple M., Demetriou G., Guo Y., Setzer A., Roberts I., *Semantic Annotation of Clinical Text:* The CLEF Corpus AMIA Annu Symp Proc 2007:625–9.

Roche M., (2006). *Fouille de textes : enjeux, limites et perspectives des méthodes de classification* Exposé dans le cadre de la Journée Thématique : Information, Connaissance et Apprentissage du LIRMM, Montpellier.

Rousselot F., Frath P., Oueslati R., (1996). *Extracting Concepts and Relations from Corpora*, In Proceedings of ECAI Workshop on Corpus-Oriented semantic analysis. Budapest.

Sager J. C., (1990). *A Practical Course in Terminology Processing*, Amsterdam/Philadelphia, John Benjamins.

Séguéla P., (2001). *Construction de modèles de connaissances par analyse linguistique de relations lexicales dans les documents techniques*, Thèse de doctorat, Université de ToulouseIII.

Silberztein M. et Tutin A., (2004). *NooJ : un outil TAL de corpus pour l'enseignement des langues et de la linguistique Une application à l'étude des impersonnels* , Université de Franche-Comté.

Smadja, F. (1993). *Retrieving Collocations from Text: Xtrac*, Computational Linguistics 19(1), pp. 143-177.

Snow R., Jurafsky D., Andrew Y., (2004). *Learning syntactic patterns for automatic hypernym discovery*, In Advances in Neural information Processing Systems.

Sowa J. (2000). *Ontology, metadata and semiotics*. In 8th International Conference on Conceptual Structures (ICCS'2000), volume 1867, p. 55–81 : Springer-Verlag LNCS.

Sundblad H., (2002) *Automatic Acquisition of Hyponyms and Meronyms from Question Corpora*, in Proceedings of the Workshop on Natural Language Processing and Machine Learning for Ontology Engineering at ECAI'2002, Lyon, France.

Thakker, D., Sman, T., Lakin, P., (2009). *GATE JAPE Grammar Tutorial*, Version 1.0, A,Photos, UK.

Toussaint Y., Royaute J., Muller C., Polanco X., (1997). *Analyse linguistique et infométrique pour l'acquisition et la structuration des connaissances*, Actes des deuxièmes rencontres Terminologie et Intelligence Artificielle (TIA'97) , pp 27-46. Toulouse.

Uschold M. & Grüninger M. (1996). *Ontologies : Principles, methods and applications*. Knowledge Engineering Review, 11(2).

Velardi P., Missikof M., Fabriani P. (2001). *Using text processing techniques to automatically enrich a domain ontology.* In Proceeding of ACM-FOIS.

Voutilainen A. (1993). *Nptool, a detector of English noun phrases*, In Proceedings of the Workshop on Very Large Corpora, June, Columbus, Ohio State University, p.48-57.

Welty C., & Guarino, N., (2001). *Supporting Ontological Analysis of Taxonomic Relationships* Data et Knowledge Engineering (39), pages 51-74, 2001.

Zaidi S., Abdelali A., Sadat F., Laskri, M-T., (2012a). *Hybrid approach for extracting collocations from Arabic Quran text, In Proceedings of LREC 2012, May 2012, Istanbul, Turkey*

Zaidi S., Abdelali A., Laskri, M-T., (2012b). *Extracting and Formalizing Terms and Relations to Build Ontology, Publication dans IJMSO (International Journal of Metadata, Semantics and Ontologies: En cours d'impression) ISSN (Online): 1744-263X - ISSN (Print): 1744-2621*

Zaidi, S., Abdelali A., Laskri, M-T., Eshennifi M.A., (2011). *Extraction des termes simples et composés à partir de textes arabes*, Communications of the Arab Computer Society, Vol. 4 No.1, August, 2011 ISSN 1090-102X.

Zaidi, S., Abdelali, A. Laskri, M-T., (2010a), *Extraction des collocations à partir de textes arabes avec l'outil GATE (Application sur le Saint Coran)*, Journée d'étude sur le contenu numérique en arabe dans le cadre du système du e-gouvernement, Alger, Algérie. (*À paraitre comme chapitre dans un livre*) Editeur CSLA.

Zaidi, S., Laskri, M-T, Abdelali, A. (2010b). *Arabic collocations extraction based on JAPE rules*, In Proceedings, Acit Arab Conference of Information and Technology, Benghazi, Libya.

Zaidic, S., Laskri, M-T, Abdelali, A. (2010c). *Arabic collocations extraction using Gate*, In Proceedings, ICMWI'une conférence internationale sur les machines et le web intelligents IEEE, Algiers, Algeria.

Zaidi, S., Laskri, M-T, Abdelali, A. (2010d). *Étude d'adaptabilité d'outils de terminologie textuelle à l'Arabe*, In Proceedings COSI,colloque sur l'optimisation et les systemes d'information, Ouragla, Algerie.

Zaidi, S., Laskri, M-T, Abdelali, A. (2010e). *Utilisation de Gate pour l'extraction d'information à partir de corpus arabes*, In proceedings, JED, Journées Ecoles doctorales et Réseaux de recherche, Annaba, Algérie.

Zaidi, S., Laskri (2009). *Review of textual terminology tools for ontologies building,* In proceedings, MIC'09 Management International conference, 25- 28 november, 2009 Sousse Tunisia.

Zipf. G. K., (1949). *Human Behavior and the Principle of Least Effort,* New York, Harper, réédition 1966.

Zitoun, M. (2010). *Développement d'un éditeur pour la formalisation d'une ontologie en arabe,* mémoire de master, Université d'Annaba.

Zweigenbaum P., Bachimont B., Bouaud J., Charlet J., Boisvieux J.-F. (1995). *A multilingual architecture for building a normalised conceptual representation from medical language.* Journal of the American Medical Informatics Association, 2(suppl), 357–361.

Figures

Tableaux

www.ingramcontent.com/pod-product-compliance
Lightning Source LLC
LaVergne TN
LVHW042336060326

832902LV00006B/210